Organização dos tempos e espaços na infância

SÉRIE GESTÃO EDUCACIONAL

Everaldo Silveira
José Carlos Pinto Leivas

Organização dos tempos e espaços na infância

inter
saberes

InterSaberes

Rua Clara Vendramin, 58 . Mossunguê
CEP 81200-170 . Curitiba . PR . Brasil
Tel.: (41) 2106-4170
www.intersaberes.com
editora@intersaberes.com

Conselho editorial	**Editor-chefe**
Dr. Ivo José Both (presidente)	Lindsay Azambuja
Drª. Elena Godoy	**Gerente editorial**
Dr. Neri dos Santos	Ariadne Nunes Wenger
Dr. Ulf Gregor Baranow	**Assistente editorial**
	Daniela Viroli Pereira Pinto
	Projeto gráfico
	Raphael Bernadelli
	Capa/Fotografia da capa
	Clarissa Martinez Menini

1ª edição, 2013.

Foi feito o depósito legal.

Informamos que é de inteira responsabilidade dos autores a emissão de conceitos.

Nenhuma parte desta publicação poderá ser reproduzida por qualquer meio ou forma sem a prévia autorização da Editora InterSaberes.

A violação dos direitos autorais é crime estabelecido na Lei nº 9.610/1998 e punido pelo art. 184 do Código Penal.

Dados Internacionais de Catalogação na Publicação (CIP)
(Câmara Brasileira do Livro, SP, Brasil)

Leivas, José Carlos Pinto
    Organização dos tempos e espaços na infância/ José Carlos Pinto Leivas, Everaldo Silveira. – Curitiba: InterSaberes, 2013. – (Série Gestão Educacional).

Bibliografia.
ISBN 978-85-8212-477-2

1. Educação infantil 2. Matemática – Estudo e ensino 3. Pedagogia 4. Professores – Formação I. Silveira, Everaldo II. Título III. Série.

12-08879   CDD-372.7049

Índices para catálogo sistemático:
1. Crianças: Percepção matemática: Educação infantil 372.7049
2. Educação infantil e percepção matemática 372.7049

Sumário

Apresentação, IX

(1) Organizando o espaço por caminhos topológicos, 11

1.1 Introduzindo propriedades topológicas elementares, 14

1.2 Relação de vizinhança, 19

1.3 Relação de separação, 21

1.4 Relação de ordem, 22

1.5 Relação de envolvimento ou circunscrição, 23

1.6 Relação de continuidade, 24

1.7 Outras relações topológicas, 25

(2) Organizando o espaço pelas transformações, 35

2.1 Transformações, 40

2.2 Transformações inversas e rotações, 43

2.3 Transformação de translação, 47

2.4 Transformação por simetrias, 53

(3) Percepção em geometria I, 61

3.1 Coordenação visual-motora, 65

3.2 Discriminação visual, 73

3.3 Memória visual, 74

(4) Percepção em geometria II, 85

4.1 Constância de percepção ou constância de formas e tamanhos, 90

4.2 Percepção de figuras em campos, 94

4.3 Percepção de posição no espaço e de relações espaciais, 97

(5) Organizando o espaço pelas medidas I, 109

5.1 Medindo grandezas, 116

5.2 Medindo a grandeza *comprimento*, 120

(6) Organizando o espaço pelas medidas II, 133

6.1 Medindo a grandeza *área*, 143

6.2 Medindo a grandeza *volume*, 148

(7) Transformando objetos planos em objetos espaciais, 159

7.1 Da planificação ao espaço, 168

7.2 Do espaço à planificação, 174

(8) Organizando o espaço por níveis de raciocínio, 181

8.1 O nível 1 da teoria de van Hiele, 186

8.2 Os demais níveis do modelo de van Hiele, 196

(9) A construção da noção de massa e de valor pela criança, 205

9.1 O que é massa, afinal?, 208

9.2 Medindo a grandeza *valor*, 221

(10) A construção da noção de tempo pela criança, 233

Referências, 257

Créditos das ilustrações, 259

Anexos, 261

Gabarito, 265

Apresentação

Acreditamos que a matemática pode ser trabalhada nos anos iniciais de uma forma exploratória e lúdica, de modo que as crianças, desde o início da formação, possam construir o espaço geométrico e o espaço temporal por meio de experiências concretas, explorando métodos visuais e invocando a imaginação, tão própria da infância, além de manipular e representar objetos geométricos espaciais.

Para que isso ocorra, é fundamental a utilização de recursos pedagógicos que possibilitem à criança, nos estágios de sua formação escolar, a criança possa nomear corretamente entes matemáticos, estabelecer relações entre elementos geométricos ou temporais, argumentar e descrever relações, bem como formalizar conceitos.

O trabalho foi dividido em capítulos: no primeiro, buscamos organizar o espaço por meio de algumas propriedades topológicas, como vizinhança, separação e ordem, precedidas de habilidades nos planos perceptivo ou sensório-motor e representativo ou intelectual. No segundo, utilizamos as transformações de rotação, translação e simetria como tendência atual em educação matemática para o ensino e a aprendizagem da geometria, não mais vista de forma estática. O terceiro e o quarto capítulos utilizam seis tipos de percepção utilizadas por Del Grande, necessárias para a construção do pensamento geométrico. Os próprios Parâmetros Curriculares Nacionais (PCN) indicam a relevância das medidas para a construção da cidadania e, por esse motivo, mereceram um tratamento especial no quinto e sexto capítulos. A passagem do espaço tridimensional para o bidimensional é tratada no sétimo capítulo, considerando-se que planificações de objetos espaciais podem fornecer alguns modelos tridimensionais e, de forma recíproca, obter representações planas desses objetos. O oitavo capítulo trata basicamente do primeiro nível da teoria de van Hiele para o desenvolvimento do raciocínio em geometria, enquanto os dois últimos capítulos organizam as medidas de tempo e de massa, também importantes na educação para a cidadania.

Esperamos que nosso objetivo de contribuir para um novo fazer em matemática, no início da vida escolar da criança, seja atingido e que possamos nos dirigir de uma forma prazerosa, a essa gama enorme de futuros professores da educação infantil.

(1)

Organizando o espaço
por caminhos topológicos

José Carlos Pinto Leivas nasceu em Pelotas (RS), em 19 de setembro 1950. Ingressou no curso de licenciatura em Matemática na Universidade Católica de Pelotas (UCPel) em 1971, concluindo-o em 1974. Iniciou a carreira docente em 1972 como professor de Matemática dos então primeiro e segundo graus, nas redes particular e pública, e tornou-se professor na UCPel no ano seguinte ao da conclusão da licenciatura. Em 1979, ingressou na Fundação Universidade Federal do Rio Grande (Furg). Nos anos 1981 e 1982, especializou-se em Matemática, na área de Análise Matemática, pela Universidade Federal de Pelotas (UFPel) e, no ano de 1983, iniciou o mestrado em Matemática Pura e Aplicada pela Universidade Federal de Santa Catarina (UFSC), tendo-o concluído em 1985. Foi professor titular da Furg de 1991 a 2004 e passou a fazer parte do quadro de professores da Universidade Luterana do Brasil (Ulbra) ao aposentar-se, até 2010. Participou ativamente do início do movimento de educação matemática no Rio Grande do Sul; coordenou os cursos de graduação e especialização em Matemática da Furg e foi um dos fundadores do Centro de Ensino de Ciências e Matemática dessa mesma instituição. Foi também membro de comissão de especialistas do Ministério da Educação (MEC) para o Programa Nacional do Livro Didático (PNLD) de primeira a quarta série e de ensino médio. Atualmente, é editor da "Educação Matemática em Revista – RS", publicação anual da Regional Sul da Sociedade Brasileira de Educação Matemática (SBEM), em que já foi diretor e também secretário da diretoria nacional. É doutor em Educação na linha de pesquisa em Educação Matemática da Universidade Federal do Paraná (UFPR).

José Carlos Pinto Leivas

Neste capítulo, apresentaremos algumas considerações a respeito da organização do espaço na criança pelo caminho da topologia, mais especificamente por meio de algumas propriedades topológicas consideradas importantes e relevantes para a construção geométrica.

(1.1)
Introduzindo propriedades topológicas elementares

Segundo Piaget e Inhelder (1993), o estudo do desenvolvimento da noção de espaço é um processo que se impõe à própria psicologia infantil, e a forma como ocorre a natureza dessa construção tem sido, por muitos séculos, motivo de discussão entre filósofos e psicólogos, os quais chegaram à indicação de que essa noção pode ser:

- DE NATUREZA EMPÍRICA: ocorre naturalmente, experimentalmente, devido à própria intuição perceptiva que a criança adquire em seu desenvolvimento;
- DE NATUREZA A PRIORI: ocorre antecipadamente, é previsível em função de o ser humano ser racional e sensível;
- DE NATUREZA OPERATÓRIA: por sua característica de elaborar operações concretas ou mentais em seu desenvolvimento.

Muito antes de elaborar os processos de contagem, a criança explora a natureza e o espaço que a circundam e, por essa razão, as noções topológicas antecedem as noções euclidianas e também as projetivas. Dessa forma, conclui-se que, no desenvolvimento infantil, a percepção topológica é mais natural que as outras duas.

Mas o que vem a ser cada uma dessas noções? A geometria que o ser humano aprende na escola é de natureza euclidiana, isto é, o que se tem estudado durante séculos é uma matemática oriunda dos gregos, que considera primordialmente questões de medidas. Assim, afirmar que uma noção é euclidiana é dizer que ela aborda questões de medida. Lembramos que, na Antiguidade, Tales projetou a medida da altura de pirâmides, fato que intriga muitas pessoas até os dias atuais. Para fazer isso, há de se considerar os pontos de visão do observador. *Grosso modo*, ao se pensar sobre esses aspectos matemáticos, considera-se uma matemática projetiva, isto é, como se percebe visualmente o espaço circundante. Por outro lado, desde os primeiros anos de vida, segundo alguns estudos da psicologia, a criança vai reconhecendo de forma natural seu espaço circundante em contínua deformação. . Assim, ela passa a reconhecer a mãe, os familiares mais próximos e sua casa, por exemplo. Esse tipo de construção de noções do espaço, que se deformam continuamente, sem rupturas, é denominado, em uma definição bem superficial, de *topológico*.

Dessa forma, faz sentido, atualmente, iniciar a construção do espaço infantil pelas intuições topológicas, objetivo principal deste capítulo, acreditando que, com isso, muito se ganhará na construção do espaço geométrico da criança.

Diremos, então, que TOPOLOGIA é um ramo bastante novo de matemática. Neste texto, não vamos propor a realização de experimentos que apresentem diretamente um resultado, como é comum de se esperar de experimentos matemáticos, e sim procuraremos desenvolver certas habilidades ou propriedades da topologia, as quais não se assemelham, por exemplo, àquelas da aritmética, como uma arte de lidar com quantidades numéricas e suas relações, ou à álgebra, como uma generalização dessa aritmética, ou até mesmo à geometria, ao tratar de propriedades das figuras planas e espaciais. Assim, a topologia tem interesse pelas propriedades de um objeto que não sofrem mudanças quando este é modificado, alterado ou transformado continuamente. Tais propriedades são: vizinhança, separação, ordem, envolvimento e continuidade, as quais detalharemos neste capítulo.

Segundo Piaget e Inhelder (1993, p. 11),

> Os tratados elementares da geometria são mais ou menos unânimes em nos apresentar as noções espaciais iniciais como repousando em intuições euclidianas: retas, ângulos, quadrados e círculos, medidas, etc. Esta opinião parece, aliás, confirmada pelo estudo da percepção e das "boas formas" visuais ou táteis. Por outro lado, a análise abstrata dos geômetras tende a demonstrar que as noções espaciais fundamentais não são euclidianas: são "topológicas", isto é, repousam simplesmente nas correspondências qualitativas bicontínuas que recorrem aos conceitos de vizinhança e de separação, de envolvimento e de ordem, etc., mas ignoram qualquer conservação das distâncias, assim como toda projetividade.

Para esses autores, as relações topológicas elementares são de fundamental importância para o desenvolvimento da noção de espaço na criança. Essa noção deve ser previamente desenvolvida e, até mesmo, preceder ao estudo da psicologia infantil.

Conforme o filósofo Kant, citado por Piaget e Inhelder (1993, p. 17), o espaço apresenta uma estrutura de sensibilidade e, para haver aprendizagem ou entendimento, basta submeter os dados perceptivos a uma sequência de infinitos raciocínios, sem esgotamento dos conteúdos. Já para o matemático Poincaré (citado por Piaget; Inhelder, 1993, p. 17), a quem devemos o belo modelo de geometria hiperbólica,

> a formação do espaço é ligada a uma intuição sensível, e relaciona suas vias profundas sobre a significação do grupo dos deslocamentos ao jogo das sensações propriamente ditas, como se o espaço sensório-motor fornecesse o essencial da representação geométrica e como se o intelecto trabalhasse sobre o sensível já previamente elaborado.

Uma questão que se coloca é a que diz respeito ao que sempre tem sido feito em geometria: primeiro, desenvolve-se o plano representativo e, posteriormente, ou quase nunca, o perceptivo. Talvez possa ser essa uma das questões que faz com que a geometria seja tão pouco desenvolvida em nossas escolas e que haja tão pouco interesse por ela.

Conforme Piaget e Inhelder (1993), uma dificuldade da análise psicogenética do espaço se localiza na construção progressiva das relações espaciais, as quais se enquadram em dois planos distintos, que expomos a seguir.

Plano perceptivo ou sensório-motor

Para Piaget e Inhelder (1993), as estruturas perceptivas ou sensório-motoras constituem o ponto de partida da construção do espaço infantil e, apenas posteriormente, ocorre a estrutura representativa do espaço. Para eles, a interpretação mais comum das percepções é que todo "campo" perceptivo organiza-se segundo as mesmas estruturas dos níveis superiores do desenvolvimento.

Plano representativo ou intelectual

O aparecimento da linguagem e da representação figurada, para Piaget e Inhelder (1993), ocorre após os progressos da percepção e da motricidade e, somente a partir desse ponto, ocorre o desenvolvimento do espaço representativo.

Por exemplo, geometricamente a criança consegue, de início de forma intuitiva, obter experiências sensório-motoras do que são retas, planos, ângulos, círculos, quadrados etc., para, num segundo momento, avançar até o espaço representativo. Ela busca reunir, de forma global, todas as figuras em sistemas de coordenadas, passando a obter eixos horizontais e verticais a partir da experiência física, interpretados geometricamente.

O modo de reconhecer sólidos, por exemplo, tocando-os, mesmo sem visualizá-los, é o que a psicologia experimental denomina de *reconhecimento tátil* e o que Piaget e Inhelder (1993) denominaram de *percepção estereognóstica*, o que, conforme esses autores, leva crianças de 2 a 7 anos a passarem da percepção das formas à sua representação.

Para esses mesmos autores, o conhecimento dos objetos, resultante de um contato direto com estes, é denominado de *percepção*. A forma de evocar objetos sem estes estarem presentes é o que os citados pensadores chamam de *representação*. Desse modo, a percepção pressupõe presença do objeto, e a representação desperta a abstração para além da percepção. Portanto, a passagem da percepção para a representação espacial é galgada em imagem e pensamento.

No texto a seguir, são apresentadas atividades orientadas com o objetivo de ilustrar as discussões teóricas, na tentativa de propiciar ao professor uma compreensão complementar, com a sugestão de realização do que é proposto em cada atividade, o que pode ser feito por mais de uma pessoa ou por grupos que se organizam para o estudo.

Atividade orientada 1

A fim de mostrar o quanto o espaço perceptivo é importante para que a criança possa conseguir obter experiências sensório-motoras sobre retas, planos, ângulos, vértices, quadrados, triângulos, entre outros, na geometria euclidiana, para, num segundo momento, partir para a representação, pode ser usada uma caixa de blocos lógicos.

Nesta atividade, deve-se distribuir uma caixa de blocos lógicos de madeira (peças de madeira tridimensionais coloridas), com formatos geométricos espaciais, como uma pirâmide de base triangular, uma de base quadrangular e outra qualquer. Distribui-se, para cada grupo de dois participantes da turma, uma caixa, pedindo que cada um deles escolha duas peças (uma para cada participante da dupla) para descrever suas características para o colega da dupla. A seguir, o colega da dupla descreve para o grande grupo a peça do colega com as características que encontraram. A professora verifica se algum outro grupo escolheu a mesma peça em sua caixa. Em seguida, proporciona um debate sobre ambas as características encontradas pelas duplas. Espera-se que, ao final da atividade, as crianças tenham clareza sobre as características das peças da caixa de blocos lógicos, tais como: cores, espessura, tamanho, quantidade de cantinhos (vértices) ou ladinhos (faces) ou quinas (arestas). Não há necessidade de usar os nomes corretos. É importante a descoberta de diferenças obtidas pelo tato das peças. Por exemplo, percorrer uma quina (aresta) com o dedo é diferente de percorrer um ladinho (face) e encontrar um cantinho (vértice) apenas recorrendo ao encontro de percurso de, pelo menos, dois dedos simultaneamente.

(1.2)
Relação de vizinhança

A relação espacial mais elementar que a percepção pode apreender parece ser a relação de vizinhança, isto é, a descoberta dos elementos que podem ser percebidos num mesmo campo de observação, estudo ou trabalho, segundo

Piaget e Inhelder (1993). Essa função evolui com a idade, isto é, quanto menor for a criança, mais a proximidade leva vantagem sobre outros fatores da organização – semelhança e simetria, por exemplo.

> ### *Atividade orientada 2*
>
> Para visualizar essa relação, solicite que as crianças desenhem a figura de uma pessoa. Observe se foram representados os braços, as pernas, o tronco e a cabeça. Se a criança representar as pernas e os braços ligados diretamente à cabeça e o tronco em outro lugar diferente, é porque ainda não adquiriu a relação de vizinhança.
>
> Solicite, num segundo momento, que as crianças coloquem dedos nas figuras que fizeram, se não os representaram ainda. Você poderá perceber os dedos ligados ao braço e não a uma mão, mostrando ainda a complexidade de conservação ou aquisição da relação de vizinhança.
>
> A investigação sobre a aquisição ou não da relação de vizinhança pode ainda ser observada quando você solicitar que as crianças façam um desenho de um cão. Analise, por exemplo, se o rabo do cão foi colocado antes ou depois do tronco ou se está ligado diretamente à cabeça. Se assim for, significa que a criança ainda não adquiriu ou desenvolveu essa relação. Embora a vizinhança seja a relação mais elementar, ela é adquirida no desenvolvimento da criança, e as atividades de desenho podem ajudá-la nesse desenvolvimento. Faça questionamentos reflexivos com ela e não a barre com críticas destrutivas, como: "não é assim", "veja que colocou o rabo do cão ligado à cabeça" etc.

(1.3)
Relação de separação

Uma segunda relação espacial elementar é a de separação. Numa percepção global, um bebê vê um objeto numa certa vizinhança, sem, contudo, identificar separação clara entre esse objeto e os demais. Com o avançar da idade, as relações de separação aumentam e as de vizinhança diminuem de importância.

Atividade orientada 3

Na relação de separação, a criança pode perceber um objeto numa certa vizinhança do seu campo de observação. Para sentir mais de perto o que isso significa, apresenta-se uma figura em retroprojetor, como a que aparece a seguir, e solicita-se que a criança desenhe a figura em partes separadas.

Observe como as crianças fazem as separações dos elementos, percebendo-os globalmente, no sentido mais amplo, ou nos detalhes menores, como faz ao separar cabeça, tronco e membros ou olhos e boca, supostamente, e deixar o restante junto.

Figura 1.1

(1.4)
Relação de ordem

Uma terceira relação espacial é a de ordem ou de sucessão espacial.

Atividade orientada 4

O conhecido JOGO DA VELHA fornece um belo exemplo de relação de ordem. Deve-se usar os símbolos O e X para o jogo, envolvendo duas crianças.

Figura 1.2

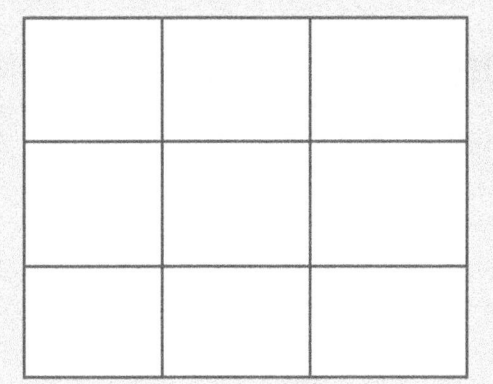

Lembre-se de que ganha o jogo a criança que conseguir três dos seus símbolos numa mesma linha ou coluna ou diagonal.

(1.5)
Relação de envolvimento ou circunscrição

Uma quarta relação espacial, dada na percepção elementar, é a de circunscrição. Para tentar explicá-la melhor, vamos ilustrar com a atividade perceptiva visual a seguir.

Atividade orientada 5

Quando uma figura é constituída de elementos simétricos, é mais fácil percebê-los agrupados em conjuntos do que os não simétricos. Por exemplo: na representação a seguir, as duas figuras da esquerda, que são figuras simétricas, podem ser percebidas como um grupo de forma mais simples do que o par da direita, que apresenta duas figuras não simétricas.

Figura 1.3

Utilize papel transparente para copiar as quatro figuras. Faça uso de dobraduras para perceber as simetrias.
Explore as várias possibilidades de obter simetrias nessas figuras.

(1.6)
Relação de continuidade

Uma quinta e última relação espacial é a de continuidade – no caso das linhas e das superfícies dadas –, a qual pode ser experimentada por meio da atividade orientada a seguir.

> *Atividade orientada 6*
>
> Recorte duas tiras de papel de dupla face de, aproximadamente, 2 cm de largura e 10 cm de comprimento, sendo uma de cada cor. Com uma das tiras construa uma superfície como a da figura a seguir, seguindo as instruções. A superfície é denominada *Faixa de Möebius* e caracteriza-se por transformar continuamente uma superfície plana de dois lados em uma superfície espacial com um único lado, sem fronteiras. Como curiosidade, essa superfície é não orientável no sentido matemático; no sentido psicológico, serviu de modelo para certo estado psíquico, definido por Lakan como aquele em que o indivíduo não distingue mais o seu interior do exterior.
>
> Com a segunda tira construa uma argola ou pulseira.
>
> *Figura 1.4*
>
> Para a construção dessa figura, utilize papel de dupla face. Recorte uma tira do seguinte formato:

Figura 1.5

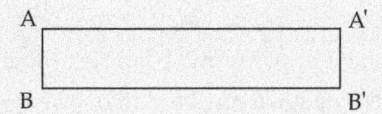

```
A ┌─────────────┐ A'
  │             │
B └─────────────┘ B'
```

Cole o lado AB da tira ao lado A'B', de modo que o ponto A coincida com o B' e o ponto B coincida com A'. Peça à criança que percorra o novo objeto construído com o dedo apoiado sobre o papel, sem retirá-lo deste. Ela perceberá que o dedo retorna ao ponto de saída sem ultrapassar nenhuma fronteira da figura anterior. Esse é o significado de ser um objeto real, concreto, espacial, com um único lado! Você conhece algum outro objeto espacial com um único lado? Para a construção da argola, cole o lado AB da tira ao lado A'B', fazendo coincidir A com A' e B com B'.

Utilizando as duas construções, trabalhe as diferenças em termos de continuidade das duas: na FAIXA DE MÖEBIUS você a percorre toda com o dedo ou com a caneta sem deixar de se apoiar no papel, enquanto na argola isso não é possível.

(1.7)
Outras relações topológicas

Ao falar em *topologia*, usualmente o pensamento é associado a uma matemática formal, bem estruturada, de fácil compreensão para matemáticos ou para pessoas de elevada percepção matemática. Entretanto, acredita-se que qualquer ramo do conhecimento matemático desenvolvido na formação de professores deve ser passível de compreensão, no devido nível, por parte do estudante ao qual o professor irá dirigir-se. Como se acredita que o ramo da topologia é fundamental para uma compreensão moderna da geometria, além daquela que herdamos dos egípcios e dos gregos, discutimos, aqui, alguns desses aspectos, em particular, relações acessíveis à infância e que permitirão, em nossa opinião, uma formação de pensamento matemático menos problemática do que tem sido ao longo dos tempos.

Para Dienes e Golding (1975), experiências relativas ao espaço deverão ser feitas logo no início da escolarização, pois elas levam a criança a compreender como a geometria pode separar partes do espaço que ela está construindo. Nesse sentido, pontos podem ser interpretados como separadores de partes de uma linha: linhas podem ser separadoras de partes de uma superfície e superfícies podem ser separadoras de partes do espaço.

Surgem, assim, propriedades matemáticas formais associadas a esse tipo de exploração do espaço, oriundas de relações básicas, as quais podem ser obtidas intuitivamente, desde que orientadas corretamente.

Algumas relações como FORA, DENTRO, INTERIOR, EXTERIOR, ABERTO, FECHADO, PERTO, LONGE, SEPARADO, UNIDO, CONTÍNUO e DESCONTÍNUO podem ser consideradas topológicas.

A atividade de número sete, logo mais à frente, busca reforçar relações de interior, exterior e fronteira em uma linha plana fechada (curva fechada).

Considere agora uma figura no plano, tal como as seguintes:

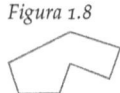

Figura 1.6   *Figura 1.7*   *Figura 1.8*

Essas figuras são formadas por linhas, que podem ser abertas ou fechadas, ou, ainda, uma figura no espaço, como uma caixa com tampa. Se essa linha for uma reta, que é ilimitada nos dois sentidos, ela separa o plano em duas regiões também ilimitadas (ou se for uma face da caixa, limitada, separando o espaço em duas porções). Se a linha for uma curva fechada, como a Figura 1.8, ela também separa o plano em duas regiões, sendo uma limitada e outra ilimitada. No primeiro caso, não teremos o conceito de interior e de exterior, enquanto no segundo, sim. Nas duas situações, entretanto, para passar de uma região para a outra, devemos cruzar a linha, isto é, passar por uma FRONTEIRA. Situação análoga ocorre com a caixa para se entrar ou sair dela, deve-se passar por uma de suas faces, ou seja, por uma FRONTEIRA.

O conceito de fronteira, construído intuitivamente, vai propiciar, futuramente, uma boa compreensão dos conceitos de lados e vértices de polígonos, bem como de vértices, arestas e faces de sólidos geométricos. Os conceitos de fronteira, interior e exterior podem ser ilustrados e explorados pelas atividades 7 e 8.

Atividade orientada 7

Essa atividade é recomendada para ser realizada ao ar livre, com crianças pequenas. É necessário ter uma corda maior em mãos e vários pedaços menores. Solicite que os alunos, utilizando a corda maior, construam no chão uma grande ilha. Com os pedaços de cordas menores, divida o interior da ilha em pequenas regiões, tantas quantas desejar. Cada aluno ocupa uma região. Proponha aos alunos mudarem de região. O que ocorre? Há a necessidade de ultrapassar fronteiras? Discuta os conceitos de interior, exterior e fronteira.

Atividade orientada 8

Com crianças maiores, utilize a atividade anterior fazendo uma representação da ilha e de suas separações numa folha em branco, como se estivesse desenhando um mapa.

Solicite que as regiões sejam coloridas pelo seguinte critério: duas regiões vizinhas deverão ter cores diferentes, a menos que tenham um único ponto em comum.

Procure ver qual é o menor número possível de cores necessário para pintar todo o desenho.

Questione qual é o menor número possível de cores necessário em cada desenho.

É possível utilizar apenas quatro cores em algum dos mapas? E menos?

É possível desenhar uma ilha na qual seja necessário utilizar um número maior de cores do que na representada anteriormente?

Existe uma ilha que pode ser pintada com apenas duas cores? O que ela tem de especial?

Essa atividade é rica e pode ser ampliada de acordo com a criatividade do professor e o interesse da turma.

Atividade orientada 9

Tome uma folha do tipo A4 de um material flexível, como EVA ou camurça. Assinale, com uma caneta colorida, os quatro vértices da folha e os denomine de A, B, C e D. Peça a quatro crianças que segurem firme a folha, uma em cada vértice, estirando-a, sem, no entanto, rompê-la. Solicite a duas outras crianças para desenharem, em uma folha em branco, diversas figuras de como fica a folha estirada.

> Essa atividade possibilitará, posteriormente, a compreensão da deformação, por exemplo, de um quadrado num retângulo ou vice-versa.

(.)
Ponto final

Para Dienes e Golding (1975), a criança explora o espaço desde seu nascimento, sendo necessário, entretanto, certo desenvolvimento para que ela possa perceber ideias de perspectiva, distância, profundidade e outras relações, como as descritas nas atividades que apresentamos neste capítulo, as quais devem ser realizadas como forma complementar para a compreensão dos conteúdos explorados neste capítulo.

É importante que se compreenda que os conceitos matemáticos, desde os mais elementares, não são simplesmente ensinados ou transmitidos como o senso comum indica, mas sim construídos ao longo do desenvolvimento cognitivo dos indivíduos. Assim, quando se diz que uma criança, um jovem, um adolescente ou um adulto não compreende a matemática, ou tem ojeriza a ela, não há outra razão para isso a não ser o fato de que esses conceitos não foram CONSTRUÍDOS.

Para propiciar essa construção, acreditamos ser viável criar situações que auxiliem as crianças a formarem os conceitos desde os mais elementares, e isso pode ocorrer de muitas formas, inclusive lúdicas, como tentamos exemplificar neste texto introdutório.

Atividades

1. Recorte uma faixa de 2 cm de largura por, aproximadamente, 20 cm de comprimento em papel dupla face, como apresentado no exemplo a seguir.

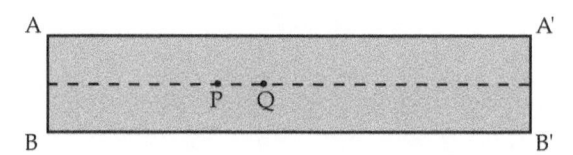

   ```
   A ─────────────────────── A'
   │                         │
   │ ─ ─ ─ ─ P  Q ─ ─ ─ ─ ─  │
   │                         │
   B ─────────────────────── B'
   ```

   Colando o lado AB dessa figura com o lado A'B', de modo que A coincida com A' e B com B', obtém-se:
   a. uma figura plana de um único lado.
   b. uma figura espacial de um único lado.
   c. uma figura espacial de dois lados.
   d. uma figura plana sem lados.
   e. uma figura espacial sem lados.

2. Na faixa do exercício anterior, os pontos P e Q eram vizinhos antes da colagem. Feita uma colagem como na Atividade orientada 6, pode-se dizer que:
   a. P e Q, que antes eram vizinhos, permanecem vizinhos depois.
   b. P e Q, que antes eram vizinhos, ficam afastados um do outro depois.
   c. P, que se encontrava mais próximo do lado AB antes, fica mais afastado depois.
   d. P, que se encontrava mais próximo de Q antes, desaparece depois.
   e. Q, que estava mais próximo de A'B' antes, fica mais afastado depois.

3. Feita uma colagem da faixa da figura do Exercício 1, obtém-se uma superfície em forma de um anel, sendo que o lado AB passou a coincidir com o lado A'B'. Os pontos P e A inicialmente se encontram mais próximos do lado AB que do lado A'B'. Se o anel for cortado por uma linha que passe entre P e Q, pode-se afirmar que, depois do corte:
   a. os pontos P e Q continuam próximos um do outro.
   b. os pontos P e Q ficam tão próximos de AB quanto de A'B'.
   c. o ponto P fica mais próximo de AB do que de A'B'.
   d. o ponto Q fica tão próximo de AB quanto o ponto P.
   e. o ponto Q fica mais próximo de A'B' que o ponto P.

4. Na atividade a seguir, identifique o número de quadrados existentes:

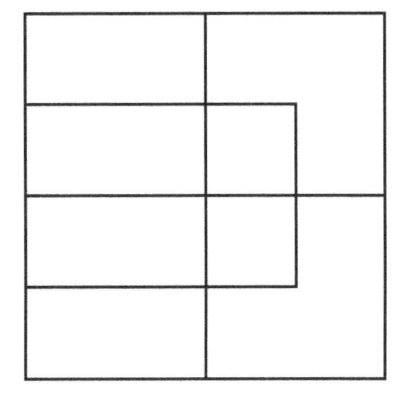

   a. Quatro.
   b. Seis.
   c. Oito.
   d. Sete.
   e. Cinco.

5. Considere a figura plana F a seguir, sendo A, B e C pontos do mesmo plano. Com relação a essa figura, pode-se dizer que a alternativa INCORRETA é:

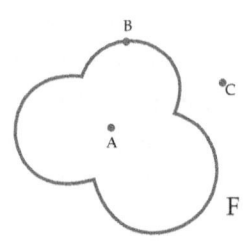

a. F é uma figura aberta.
b. A pertence ao interior da figura F.
c. C pertence ao exterior da figura F.
d. B pertence à fronteira da figura F.
e. B não pertence nem ao interior nem ao exterior da figura F.

A atividade a seguir ilustra relações em figuras espaciais: estar dentro, estar fora e estar na fronteira.

6. Considere a caixa a seguir. Nela, o ponto P pertence à diagonal, ligando os pontos A e B da caixa. O ponto R está no tampo superior da caixa, na linha que une esse tampo com a face que está atrás. O ponto S se encontra no tampo inferior. Considerando-se essas informações, pode-se dizer que:

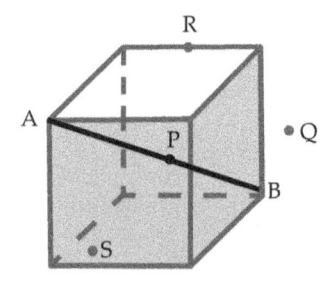

a. A está dentro da caixa.
b. S está fora da caixa.
c. Q está fora da caixa.
d. P está na fronteira da caixa.
e. R não está na caixa.

7. Entre as figuras a seguir, apenas uma não possui fronteiras. Identifique-a:

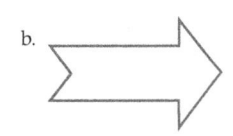

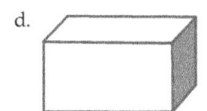

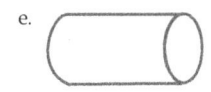

    a.

    b.

    c.

    d.

    e.

8. Tome uma nova folha de material apropriado, como na Atividade orientada 9. Proponha aos alunos desenharem uma linha fechada nessa folha, delimitando certa região. Solicite a um aluno marcar um ponto no interior da região e denominá-lo de F, por exemplo (o ponto deve ser bem visível). Obtenha também outro ponto, por exemplo, G, colocado no exterior da região. Proponha um estiramento sem rompimento da folha, na tentativa de fazer com que o ponto F fique exterior à região. Repita o processo, buscando colocar o ponto G no interior da figura.

Com relação ao experimento realizado, é possível afirmar que:

a. o ponto F passará para o exterior da região somente quando ele tiver sido marcado muito próximo da fronteira da região desenhada.
b. o ponto G passará para o interior da região desenhada somente se essa região for um quadrado.
c. se a região fosse um triângulo, então seria possível juntar os pontos F e G.
d. o ponto G nunca passa do exterior para o interior da região porque a região é fechada.
e. Todas as alternativas anteriores são absurdas.

(2)

Organizando o espaço
pelas transformações

José Carlos Pinto Leivas

Na década de 1970, o movimento mundial sobre uma nova maneira de promover o ensino de Matemática, o qual foi denominado *Matemática Moderna*, foi intenso. A respeito do que seja moderno, um dos mais importantes matemáticos, René Thom, expressa que, a partir de 1700, apenas quatro ou cinco pessoas criaram novos conceitos e métodos no século XVIII, trinta, aproximadamente, no século XIX e menos de uma centena no século XX. Para Piaget et al. (1986, p. 131),

Estes criadores científicos se caracterizam por uma imaginação muito viva, à qual é unida uma compreensão profunda do material considerado, combinação à qual se poderia dar o nome de "intuição", porquanto se tenha em mente que o significado desta palavra na linguagem ordinária não tem nada em comum com ela, visto que em nosso caso se aplica aos "objetos" aos quais, em geral, não corresponde nenhuma imagem no mundo dos sentidos.

Poder-se-ia pensar que unicamente o trabalho dessas minorias é que fosse relevante e importante e que a disseminação da matemática apenas fosse possível para tais grupos privilegiados, certamente levando em conta a percepção de que esta somente tinha sentido quando desenvolvida com o rigor da axiomatização oriunda da matemática grega euclidiana. Ainda bem que isso não acontece, pois não podemos imaginar o que seria da humanidade se o conhecimento fosse destinado apenas a uma pequena parcela da população. Dessa forma, é fundamental que a disseminação do conhecimento matemático seja ampla e que busque atingir o maior número possível de cidadãos. Segundo Piaget et al. (1986, p. 131), para que isso ocorra, devemos confiar, na maioria dos casos, nos professores "convenientemente formados e preparados para entender as demonstrações".

Entretanto, devemos considerar que a grande maioria dos professores, especialmente os que atuam na educação infantil e nas séries iniciais, não possuem, na formação inicial, um aprofundamento nas concepções matemáticas, especialmente no que diz respeito a essa "intuição", muito específica de criadores. Nesse contexto, faz-se necessário que, na formação inicial desses professores, seja apresentada uma matemática com cuidados especiais, isto é, uma linguagem correta, um rigor nas definições, um estímulo a levantamento de hipóteses e preparo adequado para raciocínios, e não apenas memorização, utilização de técnicas investigativas e estímulos à resolução de problemas capazes de coibir confusões e erros no desenvolvimento cognitivo matemático.

Muito se tem falado sobre as consequências originadas do movimento da Matemática Moderna, mostrando apenas os efeitos negativos, advindos da interpretação de que o mais fundamental para a matemática é a linguagem rebuscada dos conjuntos. Entretanto, um efeito positivo que consideramos que deva ser levantado é o da tentativa de promover a aprendizagem de matemática pelos alunos, por meio da própria construção de seus conhecimentos, originado por um ensino que se utiliza de materiais alternativos – embora nem sempre bem utilizados – e explora a visualização e a concretização de conceitos.

Essa forma ou tentativa de construção de conhecimentos matemáticos, que utiliza certos recursos didáticos, como materiais concretos, levou a uma má interpretação do que seja construtivismo, como se este estivesse intrinsecamente ligado ao material concreto. Acreditamos que é possível ser um professor construtivista utilizando apenas quadro e giz, porém promovendo atividades que conduzam o estudante na formação de conceitos. Algumas vezes, o uso do material alternativo não propicia a construção de conceitos, mostrando que nem sempre quem faz uso destes está sendo (ou é) construtivista.

(2.1)
Transformações

Transformações são ações que se realizam e que, na matemática, desempenham papel relevante, embora existam também na própria natureza, desempenhando cada uma seu papel, como deslocar objetos ou pessoas de um lugar para outro, girar um determinado objeto ou pessoa em torno de si etc. As brincadeiras de roda são excelentes exemplos de transformação.

Transformações, em matemática, têm várias significações. Por exemplo: ESTICAR um objeto de borracha, deformando-o, é uma transformação que, se for realizada continuamente, sem que a borracha se rompa, é do tipo topológico. Quando se projeta um objeto de uma fonte luminosa e ocorre uma sombra deste sobre uma parede, por exemplo, está sendo utilizada uma transformação puntiforme; o mesmo ocorre quando a fonte vem do infinito, como no caso do Sol, que projeta nossa sombra no chão. A esse ramo da matemática, preocupado com transformações de figuras que envolvem PROJEÇÕES, chama-se *geometria projetiva*, sendo mais conhecida como *perspectiva*. Quando a fonte vem do infinito, denomina-se *geometria afim*. Uma transformação que faz o pilar de uma estrutura de um edifício TORCER, gerando uma rachadura na parede, é um tipo de transformação bem concreta em engenharia civil, denominada *momento torçor*.

As propriedades dos objetos ou figuras que não se alteram quando submetidas a transformações que realizam deslocamentos, conservando posições relativas de pontos, de linhas e de superfícies, conduzem ao ramo denominado de *geometria euclidiana*. De outra forma, podemos nos orientar no espaço mediante determinadas transformações, por exemplo, quando utilizamos mapas. Para isso, necessitamos de certos sistemas referenciais, chegando a um ramo denominado de *geometria analítica*.

Segundo Piaget e Inhelder (1993), a construção do espaço geométrico na criança inicia-se com transformações topológicas, seguindo-se de transformações euclidianas, uma vez que as noções relativas a medidas ocorrem posteriormente às primeiras. Assim, neste texto vamos dedicar um cuidado especial às transformações utilizadas na geometria euclidiana.

As atividades orientadas, apresentadas a seguir, têm o objetivo de ilustrar de forma concreta o que se explicita no texto. Essas atividades podem ser realizadas em grupos de estudos, e nelas são explorados os conceitos envolvidos, apresentando-se, em geral, um exemplo concreto. Podem ser realizadas também com crianças de diversas faixas etárias e até mesmo pelos futuros professores aos quais se destina este texto.

Atividade orientada 1

Reúna as crianças para uma brincadeira no pátio da escola. Distribua-as em pequenas circunferências, marcadas no chão, formando uma roda, de modo que cada uma possa abrigar uma criança em pé. O professor fica no centro da roda.

a. Solicite que as crianças girem para a esquerda, ocupando a "casa" seguinte. Caso as crianças ainda não identifiquem esquerda/direita, oriente-as por você ou pelo coleguinha que esteja à esquerda. Aproveite para que todos identifiquem quem está à esquerda.

b. Solicite que as crianças girem para a esquerda, deixando uma "casa" e "morando" na segunda.
c. Repita a brincadeira até que a criança volte à posição inicial.
d. Retome a atividade, refazendo o movimento para a direita. Se o grupo ainda não identificar quantidades, aproveite para desenvolver esse conceito. Caso prefira, vá fazendo os movimentos até onde consigam identificar a quantidade solicitada.

Essa atividade possibilita a identificação com o movimento da matemática denominado *rotação*, o qual ocorre em torno de um ponto que se encontra fora da figura, nesse caso, o professor.

Atividade orientada 2

Retome a atividade anterior num outro momento.

a. Desenvolva atividade similar às anteriores, porém solicite que as crianças fiquem voltadas de costas para o professor.
b. Agora, combine as duas, solicitando que as crianças girem para a esquerda e fiquem voltadas para os coleguinhas que se encontram à esquerda.
c. Repita, solicitando que as crianças voltem ao estado inicial.
d. Repita novamente, dessa vez pedindo que as crianças girem para a direita, ficando voltadas para os coleguinhas que se encontram à direita.
e. Retome a atividade, solicitando giros consecutivos, até as crianças voltarem ao estado inicial, de frente para o professor.

Se as crianças ainda não conhecem contagem, aproveite para ir concretizando a quantia de movimentos realizados num sentido e no outro.

Com essa atividade, estimula-se a formação do conceito de rotação em torno de um ponto, pois a criança gira em torno de si mesma. Nesse caso, o ponto não se encontra fora do objeto.

Ao realizar o movimento que a coloque de costas para o professor, estimule a rotação de 180° (cento e oitenta graus). Ao fazer a criança girar, de modo a ficar voltada para o colega da esquerda ou da direita, está sendo formado o conceito de rotação de 90° (noventa graus), no sentido horário ou no anti-horário, conforme se esteja trabalhando.

É possível associar a atividade com o movimento dos ponteiros do relógio, elaborando-se um grande relógio marcado no chão, sendo o professor o centro.

(2.2)
Transformações inversas e rotações

As operações matemáticas têm a característica de serem invertíveis no seguinte sentido: a adição e a subtração são operações inversas, a multiplicação e a divisão também, assim ocorrendo com outras operações.

Como tais operações podem ser consideradas transformações, pode-se associar a uma transformação a sua inversa.

Assim, girar 90° para a direita tem por inversa girar 90° para a esquerda. Esse movimento de girar 90° para a esquerda, seguido do movimento de girar 90° para a direita, tem como resultado voltar ao estado inicial, ou seja, ao elemento neutro.

Andar dez passos para a frente e depois dez passos para trás ou dar meia volta em torno de si mesmo e depois dar meia volta no sentido contrário também são exemplos de movimentos ou transformações inversas.

Atividade orientada 3

Com as crianças organizadas no pátio, reproduza os movimentos a seguir e peça que verifiquem quais são e quais não são inversos.

a. Girar para a direita e girar para a esquerda.
b. Olhar para a frente e olhar para trás.
c. Andar 20 passos para a frente e 10 passos para trás.
d. Olhar para o colega da direita e depois olhar para o colega da esquerda.

Resposta:
A e B são inversos; C e D não.

Atividade orientada 4

Considerar a sequência de triângulos a seguir para completar as lacunas.

Figura 2.1 *Figura 2.2* 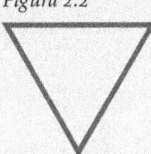 *Figura 2.3*

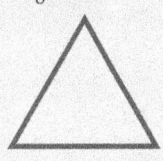

I. O movimento que transforma a Figura 2.1 na Figura 2.2 é uma rotação de .... no sentido .... Diga qual é a transformação inversa desta que você identificou.

II. O movimento que transforma a Figura 2.1 na Figura 2.3 é uma rotação de .... no sentido .... Diga qual é a transformação inversa da que você identificou.

III. O movimento que transforma a Figura 2.2 na Figura 2.3 é uma rotação de .... no sentido .... Qual é a transformação inversa desta?

As transformações exploradas nas últimas atividades constituem uma classe muito útil em geometria, denominada de *transformação de rotação*, e a ela estão associados um ângulo de rotação ou de giro e um ponto que pode estar na figura ou fora dela.

Respostas:

I) 60° no sentido horário; 60° no sentido anti-horário.
II) 90° no sentido horário; 90° no sentido anti-horário.
III) 30° no sentido anti-horário; 30° no sentido horário.

Atividade orientada 5

Distribua uma grade quadriculada e canetas coloridas às crianças e solicite que desenhem o próximo conjunto de quadradinhos, seguindo a sequência dada.

Figura 2.4

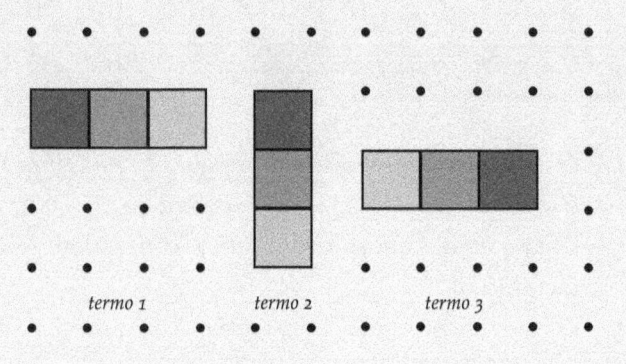

termo 1   termo 2   termo 3

Atividade orientada 6

Tome uma grade triangular e canetas coloridas para dar continuidade às sequências a seguir. Obtenha, pelo menos, mais dois termos.

Figura 2.5

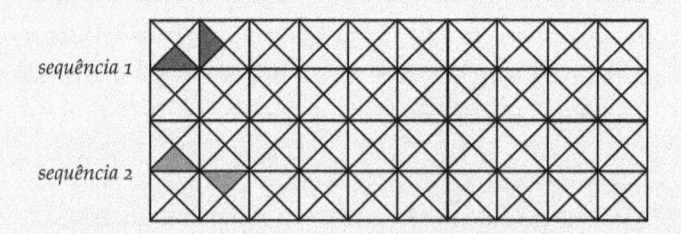

sequência 1

sequência 2

> *Atividade orientada 7*
>
> Com relação às sequências obtidas na Atividade 6, identifique as transformações realizadas:
> 7.1 Sequência 1: ....
> 7.2 Sequência 2: ....
>
> RESPOSTAS:
> 7.1 Rotação de 90° no sentido horário ou 270° no sentido anti-horário.
> 7.2 Rotação de 180° em qualquer um dos dois sentidos.

(2.3)
Transformação de translação

Algumas transformações se caracterizam apenas por serem movimentos que preservam a direção. Deslocar uma figura por um movimento de translação significa preservar a figura integralmente, sem deformações, como ocorre com a rotação. Dito de outra forma, preservar uma direção de deslocamento de um objeto, *grosso modo*, assemelha-se a empurrar o objeto seguindo uma linha reta. Assim como a rotação tem intrinsecamente associada a si a noção de um ÂNGULO DE GIRO, uma translação tem intrinsecamente associada a noção de DIREÇÃO.

Atividade orientada 8

Utilize uma corda para realizar uma brincadeira com as crianças no pátio da escola.

Estique bem a corda, de modo que represente parte de uma reta. Com isso, você estará introduzindo o conceito de direção. Disponha cinco crianças em fila, uma atrás da outra, de um dos lados da corda. Faça com que todos se desloquem dois passos à frente. Peça para outras crianças desenharem essas crianças antes e depois do deslocamento. É conveniente que a outra extremidade da corda esteja apontando para algum ponto estratégico da escola (por exemplo, o refeitório). Após isso, você poderá dar o comando para se deslocarem tantos passos à frente, ou na direção do refeitório, por exemplo. Explore várias possibilidades, com diversos passos e com diversas crianças.

Atividade orientada 9

Uma variante da Atividade 8 consiste em considerar duas cordas amarradas em uma das extremidades e as outras duas extremidades apontando para pontos distintos da escola.

Coloque dez alunos em fila no início das pontas das cordas amarradas e solicite que o primeiro siga numa das direções, o segundo na outra e assim consecutivamente. Com isso, você estará distribuindo os alunos em duas direções diferentes. Solicite dois alunos para fazer uma representação de quem ficou em uma direção e quem ficou em outra.

Atividade orientada 10

Utilize duas folhas de papel branco e um carbono (ou uma folha carbonada e uma branca). Prenda uma das folhas brancas com fita adesiva na carteira e sobreponha o carbono e a outra folha, solicitando às crianças que façam um desenho ou transfiram algum desenho pronto para a folha inferior. Feita a primeira transferência do desenho ou da figura para a folha inferior, desloque a folha superior ou desenho para outra posição, sem girá-la, ainda sobre a inferior, e transfira novamente a mesma figura.

Depois solicite que as crianças retirem a folha superior e o carbono para que possam perceber que há duas figuras iguais na folha inferior e que foram obtidas por translação.

Atividade orientada 11

Esta atividade pode ser usada com crianças um pouco mais adiantadas para identificar a direção de translação.

Para isso, peça que identifiquem, em uma das figuras transferidas, pontos em destaque, por exemplo, um cantinho (vértice) ou algo que seja bem nítido, como os pontos A, B e C, na imagem X. Depois, peça que identifiquem os correspondentes a esses pontos na segunda figura transferida, denotando-os por A', B' e C', na imagem Y. Solicite que unam os pontos A com A', B com B' e C com C'. Observe que as linhas são sempre paralelas: isso é o que caracteriza a DIREÇÃO DA TRANSLAÇÃO.

Figura 2.6

Atividade orientada 12

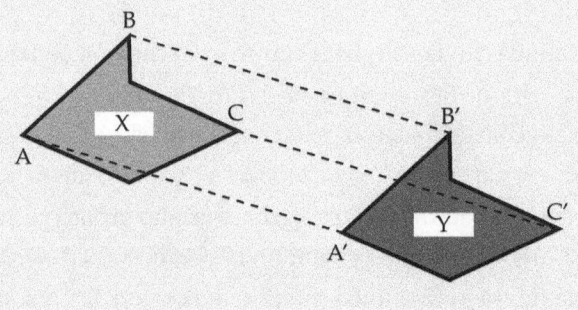

Pinte as letras idênticas da mesma cor e as letras diferentes de cores diferentes.

p	b	d	q	b	d	d	d	d
b	p	p	q	q	b	b	d	q
b	d	p	q	d	d	d	d	b

Atividade orientada 13

Identifique os movimentos que fazem com que as letras coincidam no exercício anterior. Após as pinturas, pode-se perceber como estas se apresentam em linhas horizontais, verticais e inclinadas (ou seja, em direções bem definidas).

Atividade orientada 14

Repita os termos das sequências a seguir até completar a linha.

Figura 2.7

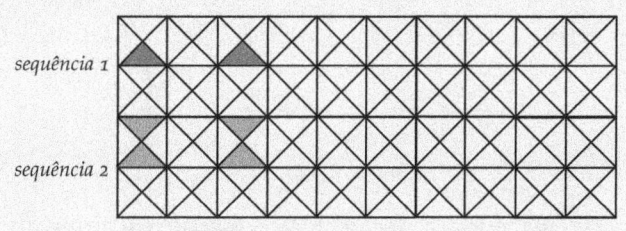

sequência 1

sequência 2

Nas duas sequências desta atividade, foram ilustrados movimentos de translação na direção horizontal.

Atividade orientada 15

Use a grade seguinte para representar os próximos termos das duas sequências, utilizando translação na direção horizontal para a direita.

Figura 2.8

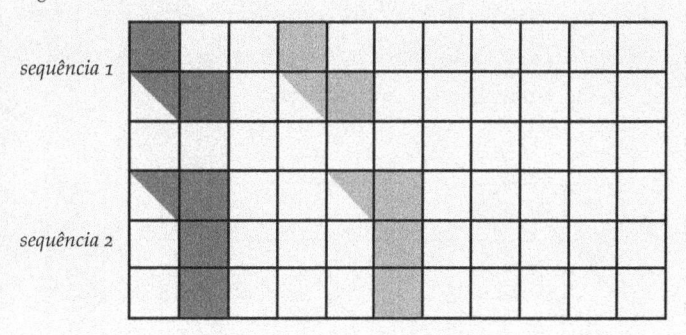

sequência 1

sequência 2

Observe que podem ser repetidos mais dois termos da sequência 1, até os limites da grade, uma vez que entre o primeiro termo e o segundo foi deixado um espaço que os separa; já na sequência 2, pode ser representado apenas o terceiro termo, uma vez que foram deixados mais espaços vazios, que separam os dois termos.

Atividade orientada 16

Na sequência a seguir, foram pintados o primeiro e o segundo termo. Dê continuidade, pintando os próximos termos até completar a grade.

Figura 2.9

Atividade orientada 17

Na gravura seguinte, foi pintado de azul o primeiro termo de uma sequência. Usando translação vertical, pinte de vermelho os próximos termos e, por translação horizontal, pinte de amarelo o segundo termo.

Figura 2.10

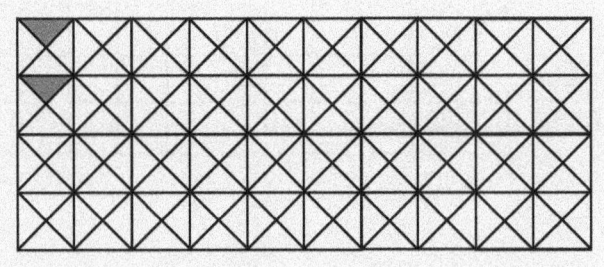

(2.4)
Transformação por simetrias

A importância do uso de simetrias é inegável, uma vez que elas organizam o espaço visual e permitem a obtenção de relações geométricas. As simetrias podem ser identificadas em construções como os mosaicos, que são estruturas facilmente encontradas nos ladrilhos de uma calçada, em um piso, em uma parede, podendo ser formadas com pedras ou azulejos, como vemos a seguir:

Figura 2.11   Figura 2.12    Figura 2.13

As simetrias também são encontradas em abundância na natureza, como podemos observar nos exemplos seguintes:

Figura 2.14   Figura 2.15 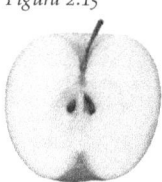   Figura 2.16

Elas podem também ser construídas, o que torna o tema interessante para que as crianças despertem para o seu uso e aplicabilidade. A seguir, indicamos algumas atividades que podem ser feitas para caracterizar eixos de simetrias de figuras.

Atividade orientada 18

Utilize a figura a seguir para realizar as seguintes atividades:

Figura 2.17

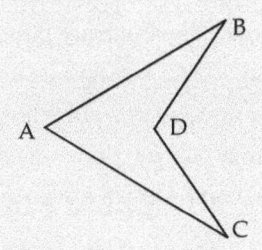

a. Copie e recorte a figura anterior.
b. Dobre a figura recortada de modo a fazer com que os vértices B e C coincidam. Observe que as duas partes coincidem por simetria.
c. Desdobre a figura e use uma régua para traçar a linha de dobra numa cor bem acentuada. A linha de dobra é chamada *eixo de simetria* da figura. O eixo de simetria divide a figura em duas partes que coincidem por reflexão.
d. Dobre novamente a figura, de modo que B e D coincidam.

As duas partes coincidem exatamente? Essa dobra representa um eixo de simetria? Dessa forma, pode ser percebido que essa linha não constitui um eixo de simetria, uma vez que as duas partes não coincidem por reflexão.

Atividade orientada 19

Utilize papel transparente ou reproduza as figuras a seguir em uma folha de papel, de modo que possam ser recortadas. Solicite que as crianças obtenham o eixo de simetria, quando este existir, de cada figura.

Figura 2.18

Atividade orientada 20

Cada polígono do grupo de figuras a seguir possui mais de um eixo de simetria. Use papel transparente para traçar todos os eixos de simetria de cada polígono.

Figura 2.19

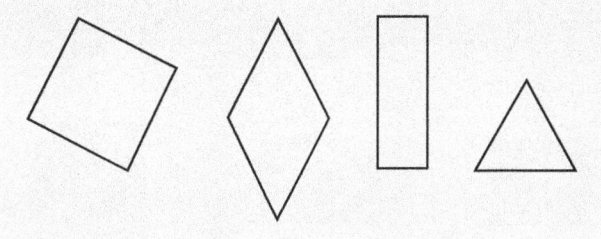

Observe que, na primeira figura, o quadrado possui quatro eixos de simetria, o losango e o retângulo possuem dois eixos de simetria e o triângulo, três eixos de simetria.

Atividade orientada 21

Nas figuras a seguir, a reta r é um eixo de simetria. Desenhe a outra parte de cada figura. Use papel transparente ou dobradura.

Figura 2.20

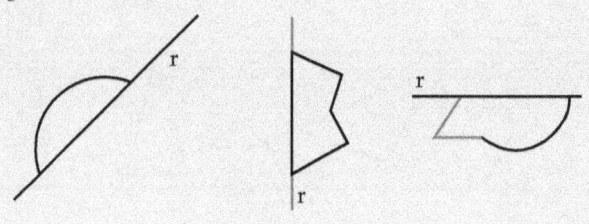

Atividade orientada 22

Identifique simetrias no quadro de figuras.

Figura 2.21

(.)
Ponto final

O que caracterizamos como *geometria de movimentos*, ou seja, as transformações que realizam simetrias, reflexões, rotações e translações, constitui-se em um dos recursos importantes para o ensino de geometria, uma vez que mostram aspectos dessa área do conhecimento matemático de uma forma dinâmica.

Orientações para a utilização desse tipo de transformações são indicadas nacional e internacionalmente. As simetrias, por exemplo, constituem um dos auxiliares mais importantes para a compreensão da geometria, pois são facilmente encontradas em construções e na natureza, o que faz com que as crianças compreendam mais facilmente o seu conceito e a sua aplicabilidade.

Atividades

1. Feito o movimento de girar 90° no sentido horário, a partir de um ponto A, seguido de um movimento de girar 180° no mesmo sentido, obtém-se como resultado:
   a. 90° à esquerda de A.
   b. 90° à direita de A.
   c. 180° à direita de A.
   d. 180° à esquerda de A.
   e. o retorno ao ponto A.

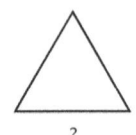

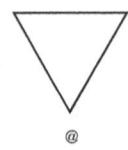

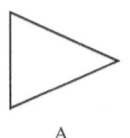

2. Considere o movimento que transforma os triângulos a seguir para obter o valor lógico das afirmações:

?   @   A

I. O movimento que transforma a figura A na figura B é uma rotação de 180° no sentido horário.

II. O movimento que transforma a figura A na figura C é uma rotação de 90° no sentido horário.

III. O movimento que transforma a figura B na figura C é uma rotação de 90° no sentido anti-horário.

IV. O movimento que transforma a figura A na figura B é uma rotação de 180° no sentido anti-horário.

Entre as quatro alternativas apresentadas, pode-se afirmar que:

a. as quatro estão erradas.
b. somente a II é correta.
c. somente a I e a III estão corretas.
d. somente a I e a IV estão corretas.
e. somente a I, a III e a IV estão corretas.

3. Considerando-se a sequência dada a seguir, pode-se afirmar que:

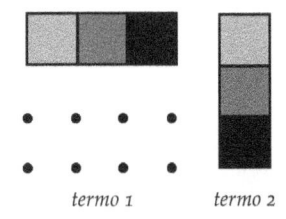

termo 1   termo 2

a. o quarto termo apresenta-se como o segundo, porém com o azul na parte inferior ao cinza.

b. o quarto termo apresenta-se como o segundo.
c. o quarto termo apresenta-se como o primeiro.
d. o quarto termo apresenta-se como o primeiro, porém com o azul à direita do cinza.
e. o quarto termo não pode ser representado com essas cores.

4. Use a sequência a seguir para escolher uma das alternativas corretas:

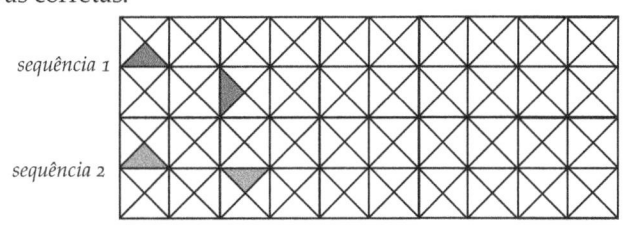

sequência 1

sequência 2

a. Tanto a sequência 1 quanto a 2 representam transformações de rotação.
b. Tanto a sequência 1 quanto a 2 representam transformações de translação.
c. A sequência 1 representa uma transformação de rotação e a 2 de translação.
d. A sequência 1 representa uma transformação de translação e a 2 de rotação.
e. Nenhuma delas representa transformação de rotação.

5. Com relação às figuras a seguir, pode-se afirmar que:

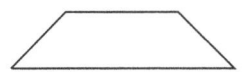

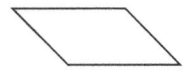

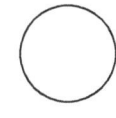

a. nenhuma possui eixo de simetria.
b. a primeira e a terceira não possuem eixo de simetria.
c. a segunda e a terceira não possuem eixo de simetria.
d. somente a primeira possui eixo de simetria.
e. a última possui infinitos eixos de simetria.

(3)

Percepção em geometria I

José Carlos Pinto Leivas

O uso da percepção é um dos elementos que utilizamos para desenvolver o trabalho de construção de um pensamento geométrico. Muito mais que simplesmente estudar ou ensinar geometria, é necessário desenvolver a formação de habilidades que permitam ao estudante aprendê-la de uma forma específica, que varia de indivíduo para indivíduo.

Utilizamos, neste capítulo, atividades a serem desenvolvidas de forma dinâmica, que proporcionem às crianças o manuseio de materiais concretos, o emprego de cores, a utilização dos movimentos e da memória, para que compreendam e apliquem cada uma dessas características, de modo que estas conduzam a uma estruturação mental-visual centrada na percepção, elemento muito pouco explorado nos cursos de Geometria.

Segundo Luft (2006), Kant, em *B 40*, "parte de que a Geometria é uma ciência capaz de determinar 'sinteticamente e *a priori* as propriedades do espaço'; sendo assim, 'o que precisa ser a representação do espaço para que, a partir dela, seja possível tal conhecimento?'".

Para o autor, a conclusão kantiana é a de que o espaço

"precisa ser originariamente intuição (...). Mas essa intuição precisa ser encontrada em nós ̱ɪnpgnpg ou seja, antes de toda percepção de um objeto". O argumento de Kant parte da constatação de um conhecimento dado como supostamente̱ɪ npgnpg e avança – pressupondo implicitamente todo o arcabouço das teses centrais da filosofia transcendental, como a distinção entre juízos analíticos, sintéticos ̱ɪnpgnpge sintéticos ̱ɪnnqrcpgnpg– na direção do esclarecimento de qual a correta leitura do conceito de "espaço" para que tal ciência seja possível.̱ɪ§ s ď*tȷ. . 4'*

Diz Luft (2006), ainda, que o "procedimento é claramente regressivo, ao direcionar-se do condicionado (geometria como ciência dada) ao condicionante (a estrutura transcendental que possibilita a geometria como ciência sintética *a priori*)".

Coordenação visual-motora, discriminação visual e memória visual são três percepções que podem ser bem exploradas na educação infantil, a partir de cores, como veremos nas atividades sugeridas.

(3.1)
Coordenação visual-motora

Para Del Grande (1994), a coordenação visual-motora é uma percepção espacial caracterizada como a habilidade de coordenar a visão com o movimento do corpo. Para esse autor, pessoas que têm dificuldades motoras em atividades simples, em geral, também têm dificuldades em pensar em qualquer outra coisa enquanto estão concentradas em uma atividade qualquer. Diz ele:

> *se uma criança está tendo dificuldade para ligar pontos no papel, juntar blocos de madeira para construir um sólido ou usar a régua para traçar uma reta, só o esforço já é suficiente para absorvê-la completamente. Somente quando essa coordenação se tornar habitual ela será capaz de dar toda a sua atenção ao ato de aprender ou à percepção de objetos exteriores, uma vez que seus movimentos já não exigirão grande concentração mental. Isso sugere que pensar e fazer são atos separados.*

As características dessa forma de percepção são: percepção, reconhecimento, desenvolvimento de caracterizações, visualização e representação.

As atividades sugeridas a seguir têm por objetivos a apresentação de formas geométricas planas e espaciais, a diferenciação de formas, a representação plana de objetos espaciais e a utilização de cores no desenvolvimento de coordenação visual-motora.

Atividade orientada 1

a. Coloque à disposição dos alunos sólidos geométricos e figuras planas, confeccionados em madeira ou papel, como: cones, cubos, cilindros, esferas, pirâmides, círculos (pratinhos), circunferências (aros), quadrados, entre outros. Deixe as crianças manusearem livremente o material, brincando com eles sem nenhuma regra ou informação adicional.
b. Solicite que as crianças façam um desenho dos objetos escolhidos por elas (dois ou três objetos).
c. Solicite que cada criança batize as formas geométricas escolhidas. Desse modo, a atividade irá proporcionar representações de objetos espaciais no plano. Se as crianças estiverem alfabetizadas, peça que cada uma escreva o nome de batismo escolhido em cada uma das figuras. Uma outra possibilidade de realizar essa atividade é organizando uma certidão de batismo de cada objeto escolhido pela criança, pois, da mesma forma que cada pessoa, para ser identificada e se constituir numa verdadeira cidadã, precisa ter seu nome, para nos referirmos a um dado objeto, é necessário que este possa ser identificado. A criatividade do professor pode colher frutos com essa atividade.
d. Proponha que os alunos relacionem objetos do cotidiano com as formas apresentadas, observando em casa, no trajeto da escola ou na casa do amiguinho. Na aula seguinte, eles deverão incluir um terceiro dado no desenho feito na aula anterior, após a atribuição do nome de batismo à figura desenhada: o nome dos objetos que encontraram em sua pesquisa, similares ao desenho ou objeto escolhido anteriormente.

Atividade orientada 2

Esta atividade faz uso de uma faixa colorida que pode ser construída pelas próprias crianças com a orientação do professor. Caso haja disponibilidade de computadores, é uma atividade construtiva, que pode ser realizada pelos próprios alunos. Pode também ser confeccionada com papel dobradura, em atividades que crianças menores e até adolescentes e adultos gostam de realizar: procedimentos de recortes e colagens.

É construída uma faixa colorida (Figura 3.1), a qual passaremos a denominar de *faixa colorida dobrável* (FCD).

Figura 3.1

O professor apresenta certa configuração ou combinação de cores, com o próprio material, em retroprojetor ou, ainda, em *slides*, e solicita que os alunos reproduzam essa configuração para ele. As crianças devem ser alertadas de que não é permitido recortar ou rasgar a faixa para obter a configuração solicitada.

A seguir, apresentam-se exemplos de configurações para que os alunos as reproduzam (Figuras 3.2 a 3.10).

Figura 3.2

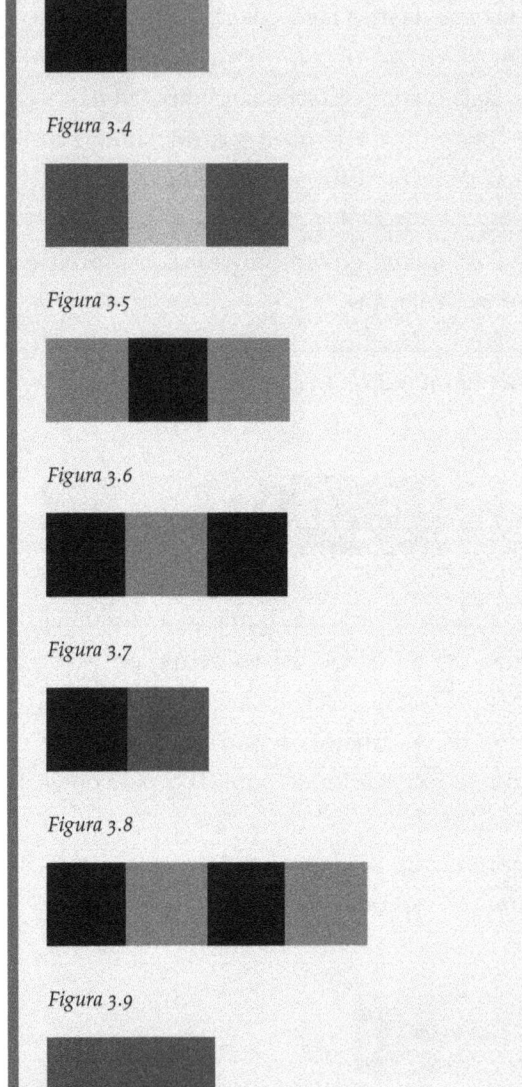

Figura 3.3

Figura 3.4

Figura 3.5

Figura 3.6

Figura 3.7

Figura 3.8

Figura 3.9

Figura 3.10

Em todas essas configurações, as quatro cores existem, sendo que uma ou algumas delas estão escondidas. Não pode haver nenhuma ruptura na faixa dada pela Figura 3.1.

O professor pode criar novas combinações. É interessante salientar que deve ser obedecida uma ordem de dificuldades crescente para apresentar aos alunos.

Atividade orientada 3

Esta atividade também é realizada com uma FCD, porém ela apresenta diagonais, como na Figura 3.11. Assim, contém um grau de dificuldade de coordenação maior do que a atividade anterior, mas a forma de conduzi-la é a mesma.

Figura 3.11

Algumas possibilidades de combinações são apresentadas a seguir (Figuras 3.12 a 3.20).

Figura 3.12

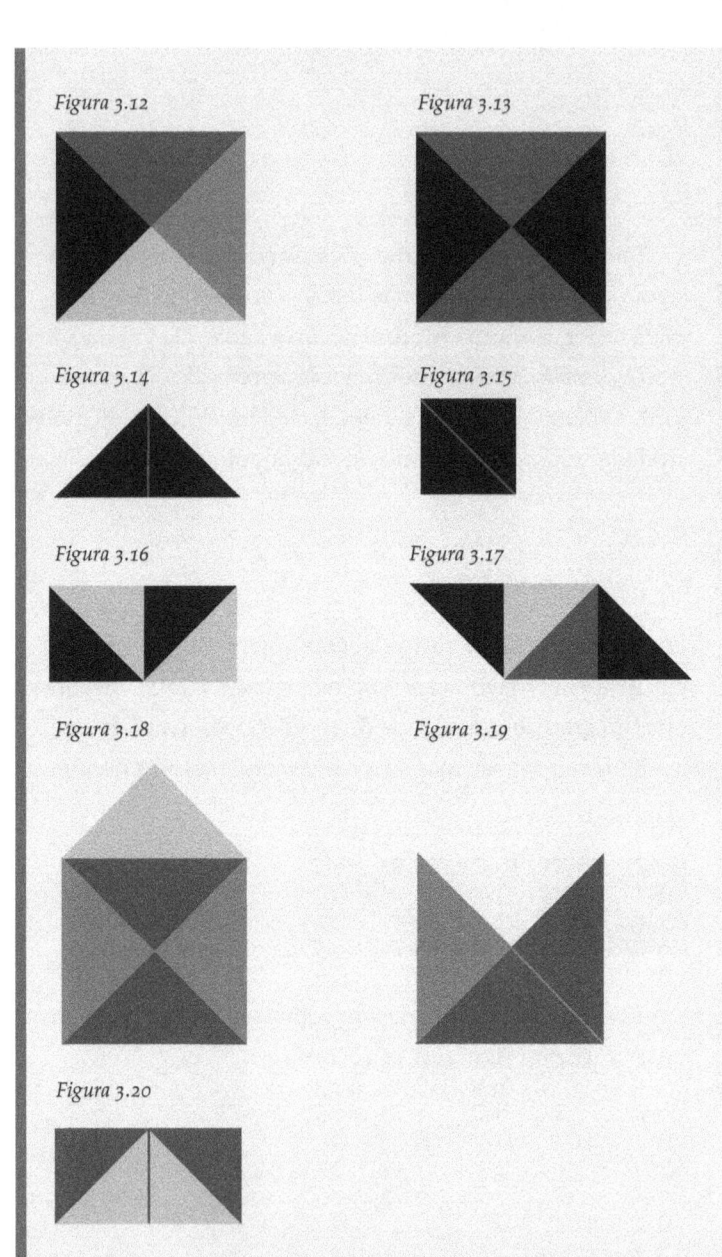

Figura 3.13

Figura 3.14

Figura 3.15

Figura 3.16

Figura 3.17

Figura 3.18

Figura 3.19

Figura 3.20

Reiteramos, nesse ponto, que o professor pode criar outras combinações, com as cores que preferir.

Atividade orientada 4

Esta atividade também busca desenvolver a coordenação visual-motora por meio das cores (frente e verso). O material pode ser confeccionado previamente pelo professor ou com os alunos, da mesma forma que os materiais utilizados nas atividades anteriores, e é denominado por Dana (1994) de *quadrado cata-vento* (QCV). O quadrado deve ter o segmento tracejado cortado, a fim de que possam ser realizadas as configurações.

Figura 3.21

A partir da Figura 3.21, apresente algumas combinações para que as crianças as reproduzam. É importante que seja dado tempo para as crianças descobrirem, enquanto também elaboram estratégias para as composições. Algumas composições passíveis de serem feitas são apresentadas a seguir (Figura 3.22).

Figura 3.22

À primeira vista, parece ser impossível deixar a Figura 3.21 da forma como se apresenta na Figura 3.22, sem retirar nenhum dos outros triângulos, mas é perfeitamente possível realizar essa transformação. O grau de dificuldade vai aumentando no decorrer das atividades e, dependendo do nível de escolaridade, torna-se possível elaborar estratégias para a obtenção das configurações.

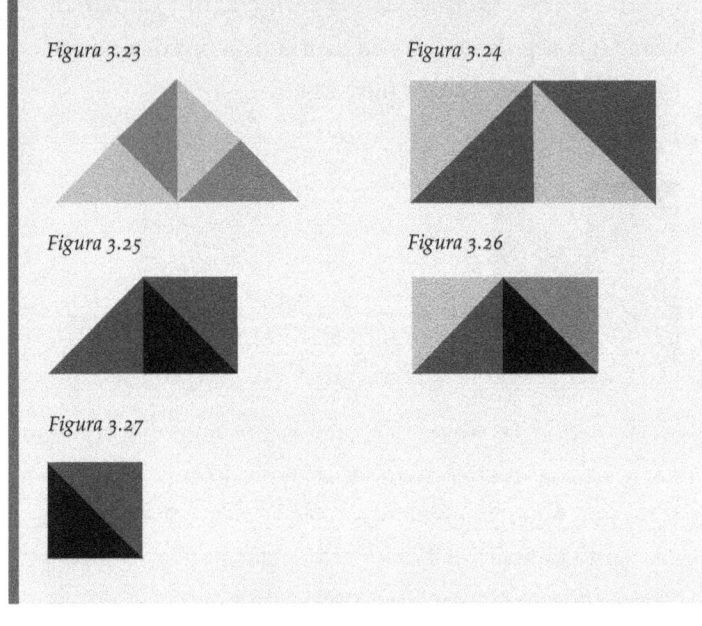

Figura 3.23

Figura 3.24

Figura 3.25

Figura 3.26

Figura 3.27

A seguir, apresentaremos uma segunda percepção em geometria, a qual explora, com a coordenação visual-motora, os aspectos visuais.

(3.2)
Discriminação visual

Para Hoffer, citado por Del Grande (1994), a discriminação visual, como percepção espacial, "é a habilidade de distinguir semelhanças e diferenças entre objetos". Para esse autor, elaborar atividades que possibilitem escolher e classificar objetos e formas geométricas do modo como é feito, com blocos de atributos, pode auxiliar as crianças a fazer discriminações visualmente. "As crianças podem usar desenhos e abstrações à medida que desenvolvem sua discriminação, fazendo comparações visuais e verbais entre as coisas que veem".

Ao comparar diversas e diferentes figuras, é possível explorar as alternativas apresentadas e, posteriormente, estabelecer comparações entre cada uma delas e a figura original.

Apresentaremos, a seguir, algumas atividades que julgamos ser adequadas para o desenvolvimento e a compreensão dessa forma de percepção visual com suas principais características, a saber, DISCRIMINAÇÃO e ASSOCIAÇÃO.

Atividade orientada 5

Um quebra-cabeça geométrico pode ser construído inicialmente num papel quadriculado e, posteriormente, em cartolina colorida ou papel dobradura para ser recortado. Os quatorze quadrados são todos idênticos, porém com divisões diferentes (Figura 3.28). A atividade consiste em misturar as peças todas num envelope e solicitar que as crianças as reúnam de modo a obterem os quatorze quadrados iniciais.

Figura 3.28

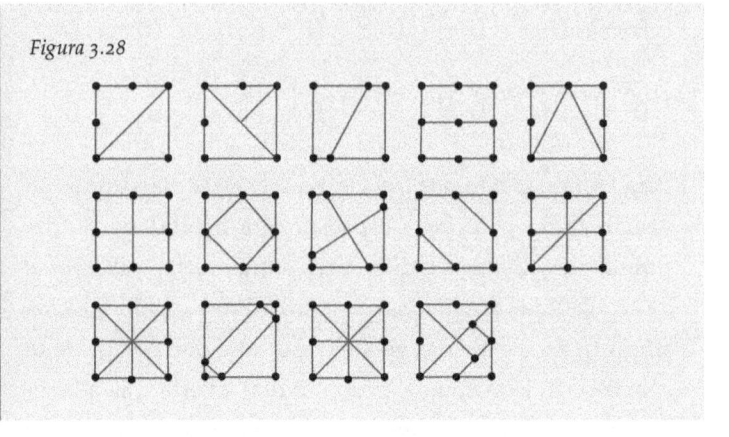

Atividade orientada 6

Esta atividade pode proporcionar um bom envolvimento de pais e colegas na busca de revistas e jornais em que apareça o jogo dos sete erros (ou similares). Solicite que as crianças tragam esse material para a sala de aula, recortando-o e colando-o no caderno. As crianças podem ser organizadas em grupos e, dentro destes, podem ser feitas algumas competições para saber quem encontra primeiro as diferenças. Faz-se uma tabela para registro das pontuações obtidas pelos participantes.

(3.3)
Memória visual

Memória visual, para Hoffer, citado por Del Grande (1994), "é a habilidade de se lembrar com precisão de um objeto que não está mais à vista e relacionar suas características com outros objetos, estejam eles à vista ou não." Diz ainda: "A maioria das pessoas retém uma pequena quantidade de informações visuais – cerca de cinco a sete itens – por pequenos períodos de tempo". Afirma também Hoffer, citado por Del Grande (1994), que, para grandes quantidades de informações, devemos armazená-las na memória de longo prazo por meio de abstrações e pensamento simbólico.

Podemos dizer que a memória visual desenvolvida na fase inicial da aprendizagem, antes de se ingressar nas séries iniciais, muito tem a contribuir, não somente na formação do espaço geométrico, mas também do aritmético e, posteriormente, do algébrico.

A seguir, apresentaremos algumas atividades que procuram, no nosso entender, desenvolver essa percepção por meio do uso de cores e da organização de objetos, como jogos da memória, jogos da memória com combinações geométricas e posições em estantes.

Atividade orientada 7

Jogo da memória com formas encontradas na natureza

Podem ser usados jogos que existem no mercado, confeccionados em materiais diversos. Se o professor desejar diversificar o tipo de atividade, pode fornecer às crianças cinco cartelas, por exemplo, e figuras de cinco animais para serem recortadas e coladas em cada uma delas. Conforme o adiantamento das crianças, comece a atividade com esse número reduzido de peças, progredindo para um número mais elevado.

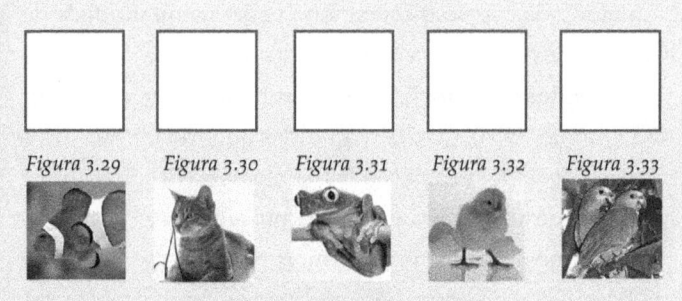

Figura 3.29   Figura 3.30   Figura 3.31   Figura 3.32   Figura 3.33

Insira em cada cartela uma das figuras.

Atividade orientada 8

Jogo da memória com formas geométricas de mesma cor, apenas alterando as formas

Esse jogo pode ser confeccionado pelo professor com a colaboração dos alunos.

Figura 3.34   Figura 3.35    Figura 3.36 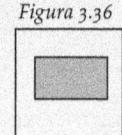   Figura 3.37    Figura 3.38

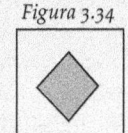

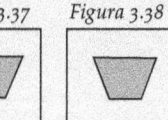

Atividade orientada 9

Jogo da memória com formas geométricas e cores diferentes

Figura 3.39   Figura 3.40 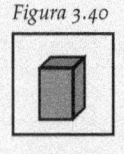   Figura 3.41 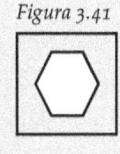   Figura 3.42 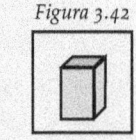   Figura 3.43

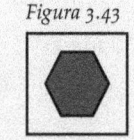

Figura 3.44    Figura 3.45 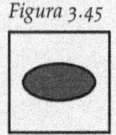   Figura 3.46    Figura 3.47    Figura 3.48

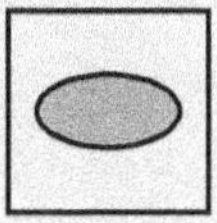

Sugere-se que, quando se trabalhar com crianças maiores, seja ampliado tanto o número de peças quanto de formas e de cores. Na atividade anterior, foram usadas cinco cores e cinco formas intercaladas entre objetos planos e objetos espaciais. De acordo com a criatividade do professor e seu objetivo, podem ser utilizados apenas objetos espaciais, ou apenas planos, ou, se a atividade for realizada em uma aula de ciências, somente animais, ou apenas répteis etc.

Utilizando essa diversificação de conteúdos, o professor desenvolve uma percepção não apenas com o foco na matemática, uma vez que essa habilidade é útil para a formação do indivíduo de uma forma ampla.

Atividade orientada 10

Nesta atividade, o professor pode apresentar, por meio de retroprojetor, de projetor multimídia ou até mesmo por um cartaz em tamanho amplo, de modo que a turma possa perceber bem os detalhes, uma figura como a 3.49. Retire a imagem do campo visual das crianças e solicite que, na sua ausência, a reproduzam no caderno ou numa folha previamente fornecida.

Figura 3.49

Atividade orientada 11

Distribua para as crianças uma malha quadriculada. Mostre a Figura 3.50 por um dos meios citados na atividade anterior, solicitando que observem atentamente os detalhes. Retire da visão das crianças a imagem e peça que a reproduzam na malha quadriculada (Figura 3.51).

Figura 3.50

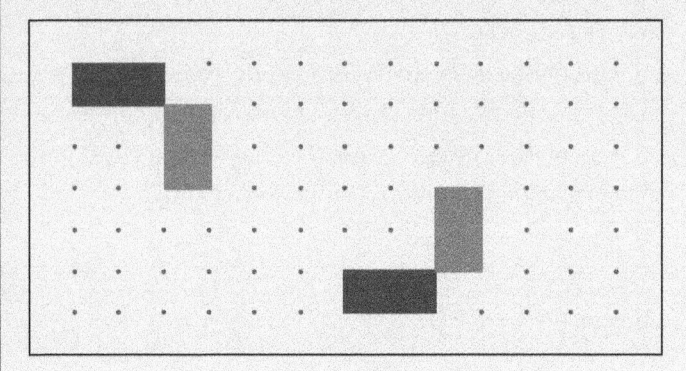

Figura 3.51

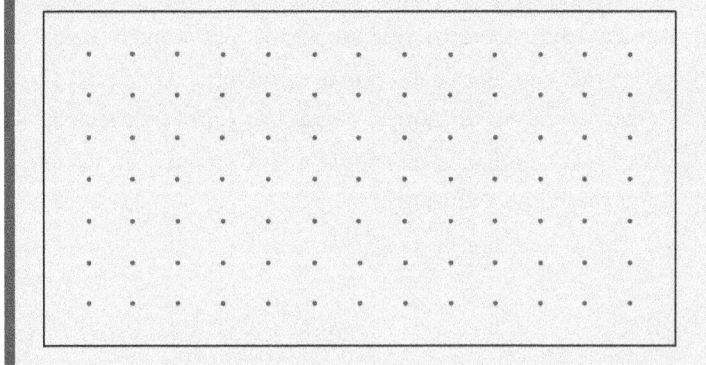

Atividade orientada 12

Desenhe uma estante infantil com quatro prateleiras. Coloque desenhos de objetos infantis em uma delas (Figura 3.52), com um ou dois objetos em cada prateleira e deixe a outra (Figura 3.53) vazia. Distribua a imagem da estante com objetos infantis para que as crianças os observem, pintem e entreguem os desenhos ao professor. Depois de recolhidos, distribua a imagem da estante vazia, solicitando que reproduzam a distribuição dos brinquedos da estante que foi colorida.

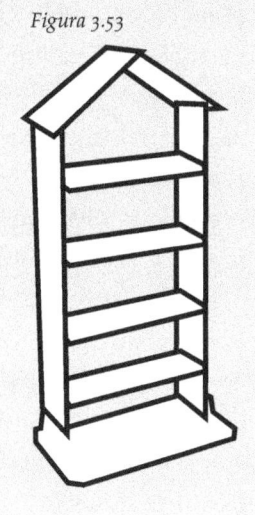

Figura 3.52

Figura 3.53

(.)
Ponto final

Entendemos que a geometria, sendo uma forma de descrever fenômenos da natureza, deve ser ensinada às crianças desde os primeiros anos de vida, e a percepção nos parece ser um aliado poderoso para o desempenho dessa função pela escola, especialmente a partir da educação infantil. Para finalizar, apresentamos a referência feita por Costa (2000) ao emérito educador Freudenthal (1973).

> O que é a Geometria? O que há de essencial na Geometria? Quais as perspectivas sobre a educação em Geometria? Freudenthal (1973) diz-nos que questões como o que é a geometria? podem ser respondidas a diferentes níveis: no nível mais elevado, a geometria é uma certa parte da matemática de certo modo axiomaticamente organizada. A nível [sic] mais baixo a geometria é essencialmente compreender o espaço em que a criança vive, respira e se move. O espaço que a criança deve aprender a conhecer, explorar, conquistar, de modo a poder aí viver, respirar e mover-se melhor. Ainda insiste na importância de que a matemática quando vai ser aprendida, deveria estar intimamente ligada à realidade. "A geometria só pode ser cheia de significado se se explora a relação da geometria com o espaço experimentado". Assim a geometria: – presta-se, à aprendizagem da matematização da realidade e para a realização de descobertas, que sendo feitas também "com os próprios olhos e mãos, são mais convincentes e surpreendentes"; – tem ainda a capacidade para fazer as crianças sentirem a partir da necessidade lógica das suas conclusões, "a força do espírito humano, ou seja do seu próprio espírito".

Nesse contexto, aprende-se a gostar de geometria quando se percebe seu papel no espaço em que a criança vive, desenvolve-se e produz sua aprendizagem – não somente aprendizagem geométrica ou matemática, mas aprendizagem de vida.

Atividades

1. Nesta atividade, deve ser considerado e discutido com as crianças o significado de *diferente*. Interpreta-se como diferente toda e qualquer orientação. Considere dois desenhos distintos, mesmo sendo congruentes, mas voltando-se para direções diferentes.
   Tome uma folha quadriculada e nela desenhe um quadrado formado por triângulos (Imagem A). Proponha às crianças pintarem o máximo de combinações diferentes possíveis de triângulos.

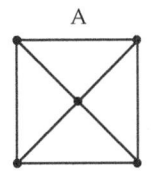

   A

   Veja quatro possibilidades de pinturas diferentes:
   B   C   D   E

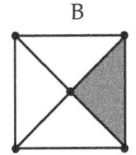

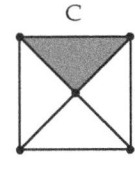

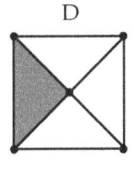

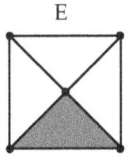

   Pergunta-se: o número máximo de possibilidades de pinturas diferentes é:
   a. 16.
   b. 8.
   c. 4.
   d. 12.

2. Se não forem levadas em conta as orientações sobre as diferenças da atividade anterior, o número de possibilidades de pinturas diferentes é:
a. 2.
b. 4.
c. 6.
d. 8.

3. Distribua às crianças uma cópia que contenha vinte quadros de pontos como os da Imagem 1. A atividade consiste em ligar os pontos dentro do quadro por segmentos de reta, podendo usar de um a seis segmentos. Busque obter configurações diferentes.

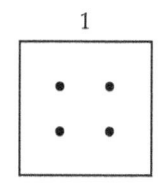

Não considere, aqui, a orientação em que aparecem os segmentos. Por exemplo, as Figuras 2, 3, 4 e 5 não configuram desenhos diferentes.

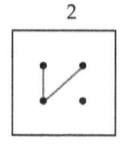

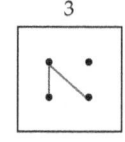

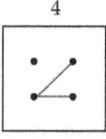

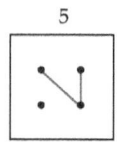

Pergunta-se: o número máximo de segmentos possíveis de serem construídos é:
a. 3.
b. 9.
c. 18.
d. 27.

4. Com relação aos três tipos de percepção estudadas neste capítulo, pode-se dizer que:
   a. a habilidade de distinguir semelhanças e diferenças entre figuras é uma forma de discriminação visual.
   b. a habilidade de coordenar a visão com o movimento do corpo é uma característica da discriminação visual.
   c. a habilidade de lembrar com precisão a imagem de um objeto, após a sua retirada da presença do observador, é uma característica da coordenação visual-motora.
   d. o jogo da memória é uma atividade que não deve ser usada para caracterizar a memória visual.

5. Considere as sentenças a seguir:
   I. Discriminar e associar são características de percepção denominadas *discriminação visual*.
   II. Armanezar na memória de longo prazo grandes informações por meio de abstrações e de pensamento simbólico é característica da percepção denominada *memória visual*.
   III. Reconhecer e desenvolver caracterizações de objetos, visualizar e representar objetos são características da percepção denominada *coordenação visual-motora*.

   Pode-se dizer que:
   a. somente a I é verdadeira.
   b. somente a II é verdadeira.
   c. somente a III é verdadeira.
   d. todas são verdadeiras.

(4)

Percepção em geometria II

José Carlos Pinto Leivas

A construção do real é analisada por Piaget (1970) no livro *A construção do real na criança*. Segundo Battro (1976, p. 74), para Piaget, essa construção é feita em cinco partes:

1. *desenvolvimento da noção de objeto;*
2. *o campo espacial e a elaboração dos grupos de deslocamento;*
3. *o desenvolvimento da causalidade;*
4. *o campo temporal;*
5. *a elaboração do universo.*

Essas partes são consideradas interessantes porque revelam uma busca da organização das experiências realizadas, o que é analisado por Piaget, pois as transformações que ocorrem são características da atividade inteligente. Para Battro (1976),

> *a construção de um universo que seja, ao mesmo tempo, substancial e espacial, causal e temporal, requer uma longa preparação na criança e se opera por meio de uma liberação progressiva e gradual do egocentrismo, que é simétrica e paralela à tomada de posse do objeto como tal, pois egocentrismo significa tanto "falta de autoconsciência como ausência de objetividade".*

Com relação ao objeto, é sabido, pelas experiências oriundas da psicologia, que uma criança, nos primeiros meses de vida, não apresenta a noção de objetos permanentes nem de dimensões constantes ante os objetos que se apresentam à sua frente. Dessa forma, para ela, o espaço se constitui apenas como um mundo perceptivo, sem objetos concretos ou sólidos. Ela analisa, reconhece os objetos por aproximação, enquanto estes aparecem e desaparecem de modo espontâneo.

Os estudos de Piaget mostram que o progresso da criança, ao organizar seu universo, ocorre de acordo com o grau de complexidade das atividades que lhe forem apresentadas. É costume, em nosso contato com bebês de poucos meses, apresentarmos uma mamadeira, por exemplo, e repetirmos o nome do objeto, muitas vezes com uma nomenclatura diferente da real. O bebê, ainda não tendo coordenação para segurá-la com as próprias mãos, analisa e percebe o objeto apenas com o olhar. Entretanto, meses depois, se o mesmo bebê estiver com fome e lhe mostrarmos uma mamadeira, de longe ele levanta as mãos no gesto de segurá-la e, ao manuseá-la, a conduz à boca, sugando-a e mantendo-se agarrado a ela.

Quando o bebê já desenvolveu o andar, mas ainda não a fala, utiliza-se de gestos e aponta para a mamadeira, para onde esta se encontra, a fim de manifestar seu desejo. Posteriormente ao desenvolvimento da fala, solicita a mamadeira, mesmo que ela não se encontre no seu campo visual. É nesse momento que o real, materializado aqui na mamadeira, formou-se em sua consciência. Assim, o real significa evocar a imagem do objeto, mesmo na sua ausência.

É de extrema importância para a construção matemática, ao longo da escolaridade, que seja possibilitada à criança a criação de conceitos com base na presença do objeto e, posteriormente, a evocação deste em sua ausência. Parece-nos que, se esse tipo de construção for feito na formação inicial da criança, o caráter da matemática como ciência abstrata e de compreensão para poucos se reduzirá. Com muito maior intensidade, isso influenciará na formaçãode um pensamento geométrico, uma vez que a geometria tem sido rejeitada em todos os níveis de escolaridade.

Henri Poincaré (1854-1912) foi um dos grandes matemáticos que abraçou com muita intensidade a matemática e, em particular, a geometria. Battro (1976) diz que Piaget se refere a esse matemático frequentemente quando quer aludir à constituição do espaço, pela frase dita por ele: "Para um sujeito imóvel não existe nem espaço e nem geometria". Nesse sentido é que invocamos esses autores para argumentar a relevância das atividades sobre percepção que estamos propondo neste texto, muitas delas utilizando os movimentos da criança em seu entorno. Parece-nos que a escola básica não tem levado em consideração tais estudos, pois ainda perdura entre docentes a ideia de que é necessário que as crianças permaneçam sentadas em classes perfeitas e simetricamente organizadas na sala de aula.

Os Parâmetros Curriculares Nacionais (PCN) (Brasil, 1997, p. 48) propõem que "não se deve trabalhar o conhecimento geométrico propriamente dito, com o destaque para o estudo das figuras geométricas planas". Ainda mais, propõem desenvolver conteúdos que explorem a percepção espacial, insistindo na interpretação do espaço e na representação de posição e de movimentação que ocorrem nele.

A seguir, vamos examinar e exemplificar três habilidades que contribuem perceptivamente para a formação do pensamento matemático, mais especificamente, para a construção do espaço geométrico, a saber: constância de percepção, percepção de figuras em campos e percepção de posição no espaço e de relações espaciais.

(4.1)
Constância de percepção ou constância de formas e tamanhos

Para Lindiquist e Shulte (1994), constância de percepção "é a habilidade de reconhecer que um objeto tem propriedades invariáveis, como tamanho e forma, apesar das várias impressões que pode causar conforme o ponto do qual é observado" e tem como características principais reconhecer propriedades e estabelecer associação de objetos.

As atividades aqui exemplificadas e sugeridas, relativas a essa percepção, têm por objetivos desenvolver a percepção das características que se mantêm invariáveis, a apropriação da relação de inclusão e de exclusão, bem como a associação entre as relações e características dos objetos.

Atividade orientada 1

Um jogo de cabra-cega

Para esta atividade, utiliza-se uma caixa contendo blocos lógicos para o reconhecimento tátil das peças. O professor dispõe as crianças em uma roda e solicita a cada uma delas que encontre uma peça dentro da caixa, sem que a visualize, apenas pela atribuição de características desta, a fim de que a criança descubra, utilizando apenas o tato, qual é essa peça. Os olhos da criança devem estar vendados.

Recomenda-se que a criança diga a previsão da cor de sua peça. Em adiantamentos mais elevados, este é um bom exercício para dar início ao tratamento da informação, no que diz respeito ao pensamento estatístico e probabilístico.

O professor deve agir como árbitro, conferindo quando a criança lhe entrega a peça e discutindo com a turma se houve acerto ou não. Se ela acertar, conta-se o ponto.

Dependendo do adiantamento, pode ser considerada uma pontuação pelo nome correto ou pela cor da peça, pois esta não tem como ser identificada por qualquer tipo de característica ou atributo.

Atividade orientada 2

O jogo dos quadrados

Esse exemplo é uma atividade que pode ser confeccionada pelas próprias crianças com o auxílio do professor. Utilizando uma malha quadriculada (ou papel cartão), desenhe um quadrado, por exemplo, com quatro quadradinhos de lado. Recorte-o. Realize dobras de acordo com as linhas tracejadas. Com uma caneta colorida, demarque bem as linhas de dobra (as tracejadas) e vinque com a ponta da caneta essas linhas, de modo que possa facilitar as dobras.

Figura 4.1

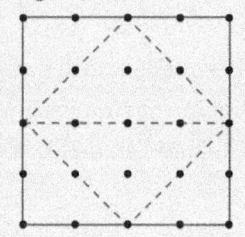

O professor apresenta cada uma das figuras a seguir, utilizando, exclusivamente, dobras, nunca rasgando ou recortando qualquer parte do quadrado, para que as crianças as reproduzam. Isso pode ser feito projetando as figuras ou apresentando-as em tamanho maior, de modo que a turma toda possa visualizá-las.

Figura 4.2

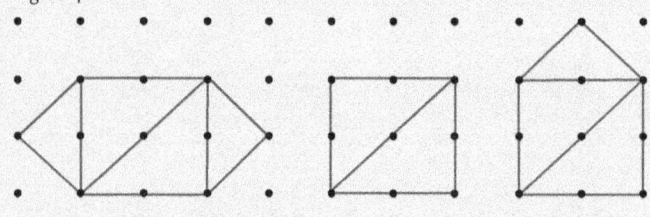

Figura 4.3

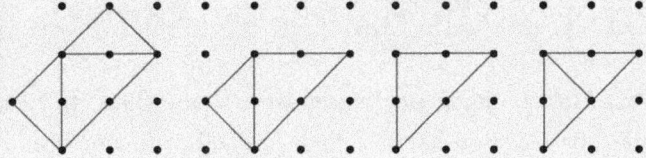

Atividade orientada 3
Distinguindo formas e tamanhos de objetos geométricos

Para a realização dessa atividade, o professor deve elaborar uma folha a ser distribuída para cada aluno, como as das figuras a seguir. Os alunos devem colorir de uma mesma cor as peças que julgarem sejam de mesmo tamanho e de mesma forma.

Figura 4.4

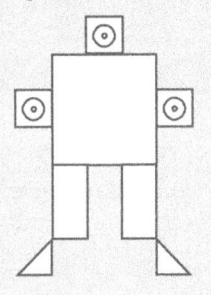

Figura 4.5

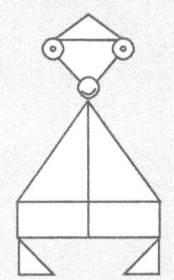

Figura 4.6

(4.2)
Percepção de figuras em campos

Para Hoffer, citado por Lindquist e Shulte (1994, p. 159), "percepção de figuras em campos é a habilidade constituída pelo ato de visualizar uma figura específica num quadro", cujas características são a diferenciação, a caracterização, a identificação e a desenvoltura que partes de uma figura desempenham em relação à figura como um todo.

As atividades relativas a esse tipo de percepção têm por objetivos reconhecer diferenças entre as peças que constituem o todo da figura, descobrir a característica de cada figura que compõe o todo e compreender que determinada figura pode ser construída a partir das outras.

Atividade orientada 4

Jogo dos cinco quadrados I

Organize as crianças em cinco grupos: A, B, C, D e E.

Distribua a cada grupo EVA, papel cartão ou uma malha quadriculada, dependendo das habilidades que as crianças já tenham desenvolvido com o uso de cada um desses materiais, ou um envelope com o material já confeccionado, um em cada cor.

Figura 4.7

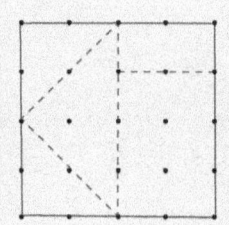

Solicite às crianças que recortem o quadrado pelas linhas tracejadas e coloquem as peças recortadas em um envelope. O grupo A deve passar suas peças para o grupo B, o grupo B passa para o grupo C e assim por diante.

Estipule a regra de que o grupo somente pode retirar as peças do envelope ao comando do professor, que cronometrará o tempo que cada grupo levará para reconstituir o quadrado inicial. Ganha o jogo o grupo que gastar menos tempo para a montagem do quadrado.

Atividade orientada 5
Jogo dos cinco quadrados II

Aproveitando as peças construídas na atividade anterior, os grupos constituídos continuarão jogando na mesma aula ou em uma subsequente. Se houver possibilidade, o professor pode solicitar auxílio de algum aluno para efetuar os registros. Deve, para isso, elaborar uma tabela a fim de registrar as pontuações de cada grupo. Ganha cinco pontos o grupo que primeiro reconstituir a figura apresentada pelo professor, utilizando todas as cinco peças, sem deixar nenhuma de fora; quatro pontos o grupo que formar o quadrado em segundo lugar e assim por diante.

Ao final da reconstituição de todas as figuras apresentadas, é feita a contagem das pontuações, sendo vencedor o grupo que obtiver a maior.

Figura 4.8

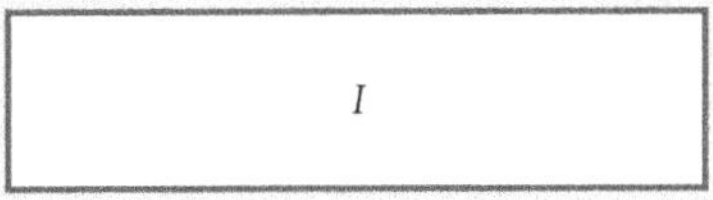

I

Figura 4.9

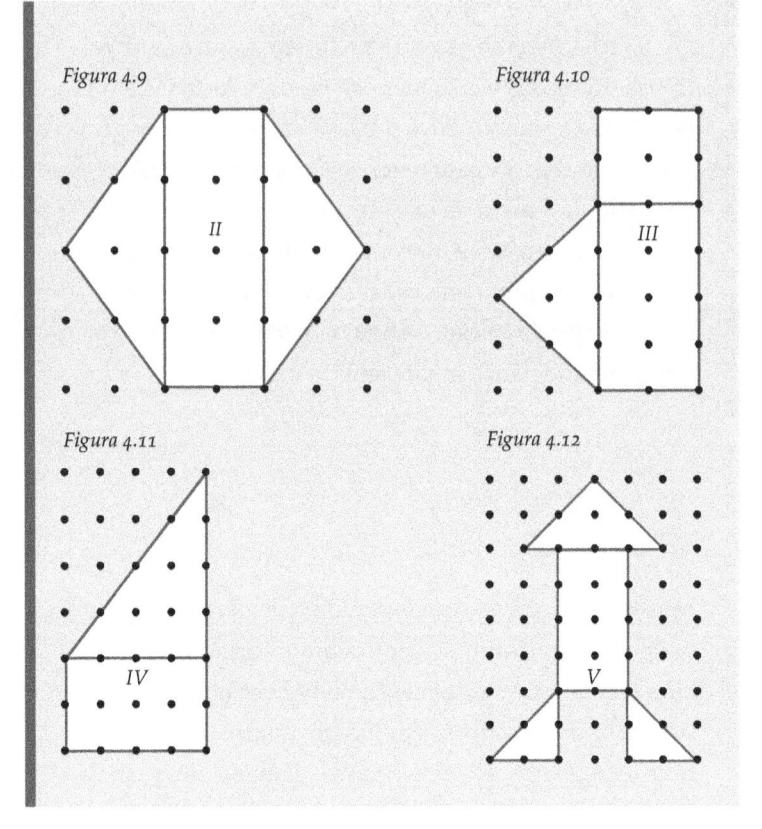

Figura 4.10

Figura 4.11

Figura 4.12

Atividade orientada 6

Jogo das diferenças

Neste exemplo, sugere-se recortar de jornais e revistas jogos dos sete ou nove erros ou similares. Forme grupos de três ou quatro crianças e distribua a cada uma delas uma gravura. Estipule regras para o jogo, estimulando organização, concentração e permanência no lugar. O jogo com regras é elemento fundamental na formação e preparação das crianças para desempenhos futuros na sociedade.

(4.3)
Percepção de posição no espaço e de relações espaciais

Para Lindquist e Shulte (1994), "percepção de posição no espaço e de relações espaciais é a habilidade de determinar a relação de um objeto com o outro e com o observador" ou, ainda, "é a habilidade que o indivíduo tem de visualizar dois ou mais objetos em relação a si mesmo ou em relação a um outro". Essa habilidade apresenta duas características fundamentais: o movimento e a invariabilidade.

Nos exemplos e atividades que envolvem esse tipo de habilidade, os objetivos são desenvolver relações entre objetos semelhantes, não importando suas posições, e mostrar que objetos que tenham sofrido rotação, translação e reflexão mantêm-se invariáveis.

Atividade orientada 7

Um pequeno construtor

Para essa atividade, é necessário material de sucata, o qual pode ser solicitado às crianças antecipadamente ao dia de sua realização. São úteis materiais como caixas vazias de fósforos, de sabonete, de creme dental e de gelatina.

Distribua as crianças em grupos de dois a três alunos. Cada equipe reúne o material que seus membros trouxeram e planeja a construção de uma maquete de alguma estrutura física, como uma casa, por exemplo.

As crianças deverão fazer um pequeno esboço do que pretendem construir, antes de começarem a colagem das peças.

Após a colagem, a equipe deverá elaborar uma planta baixa, isto é, uma planificação da estrutura espacial construída. Procure elaborar com as crianças as diferenças existentes entre a representação espacial da figura construída e a planificação desta.

Sugere-se, inicialmente, para essa planificação, tomar duas caixas idênticas existentes na turma, representar com um desenho a caixa e, posteriormente, desmontá-la para fazer a representação da caixa desmontada.

Atividade orientada 8

Usando blocos lógicos

Para a realização desta atividade, utilize a caixa de blocos lógicos. Reúna as crianças em duplas, solicitando que cada dupla escolha, aleatoriamente, duas peças retiradas da caixa.

Distribua uma planilha reproduzida a partir da seguinte:

	Forma	Cor	Tamanho	Espessura
Peça 1				
Peça 2				

A dupla deve completar a tabela, elaborando comparativos e distinções entre as peças.

Pode-se fazer, em seguida, uma troca de peças entre os grupos e o registro pelo segundo grupo. Posteriormente, faça comparações entre as tabelas preenchidas dos dois grupos, verificando se houve alguma diferença entre elas.

Atividade orientada 9

O pequeno arquiteto

Distribua as crianças em grupos de três alunos, destinando a cada grupo uma caixa de blocos lógicos.

Cada grupo deve construir uma torre, com um número qualquer de peças, porém obedecendo à seguinte regra: a peça que ficar acima de outra deve apresentar duas características diferentes da peça imediatamente abaixo dela.

Deve-se fazer o registro das características das peças numa tabela como a apresentada a seguir, para, finalmente, o grupo designar um nome para sua construção.

Caract. / Peça	Característica 1	Característica 2
1		
2		
3		
4		
5		
6		
7		

(continua)

(conclusão)

CARACT. PEÇA	CARACTERÍSTICA 1	CARACTERÍSTICA 2
8		
9		

(.)
Ponto final

Buscamos, neste capítulo, desenvolver atividades orientadas que julgamos pertinentes à construção do espaço na criança por meio de atividades perceptivas, bem como de outros elementos geométricos e matemáticos. As atividades orientadas aqui descritas buscam proporcionar tanto a professores quanto a alunos o envolvimento no processo de construção do conhecimento.

Ao tratarmos da constância de percepção, percepção de figuras em campos e percepção de posição no espaço e de relações espaciais, procuramos construir com as crianças as primeiras relações entre objetos planos e espaciais e vice-versa, de forma exploratória, envolvendo o concreto e as representações na presença de tais objetos, fato que consideramos essencial para o processo de abstração. No momento em que a criança consegue invocar o objeto em sua ausência, atribuindo-lhe o significado e as relações, o processo de abstração está formado e acreditamos que as dificuldades com a abstração matemática estejam superadas ou eliminadas.

Esperamos que a realização dessas atividades orientadas faça também com que alunos acreditem que podem fazer a construção de seu conhecimento matemático de forma agradável e recreativa, envolvidos no processo como agentes principais.

Leitura complementar

O último universalista

"Os matemáticos nascem, não se fazem." (Poincaré)

Henri Poincaré nasceu a 29 de Abril de 1854 em Nancy, França, numa família de alto nível intelectual, principalmente do lado paterno. O seu avô paterno trabalhou desde jovem no hospital militar de *Saint-Quentin*, durante a era de Napoleão e o seu pai, Léon Poincaré, foi um médico de topo e professor na universidade de medicina. A mãe, Eugénie Launois, era uma mulher ativa e inteligente, que se dedicou à educação dos seus dois filhos. Alguns elementos da sua família direta ocuparam importantes posições na sociedade francesa, tendo, por exemplo, o seu primo direito, Raymond Poincaré, sido primeiro-ministro e mesmo presidente da República durante a Primeira Guerra Mundial.

Poincaré começou a falar precocemente. Contudo, tinha uma péssima coordenação motora, que se refletia na caligrafia e numa total inaptidão para desenhar, tendo em simultâneo sérios problemas de visão. Em contrapartida, possuía uma memória extraordinária; quando terminava um livro, era capaz de se lembrar da página e da linha em que determinada ação ocorreu e, quando começou a ter aulas, descobriu que, sem nunca tirar apontamentos, era capaz de reproduzir integralmente as aulas a que acabara de assistir.

Manifestou os seus talentos, pela primeira vez, na área da escrita quando entrou para a escola primária, aos 7 anos de idade. O seu gênio matemático apenas se libertou durante o ensino secundário. O seu percurso acadêmico durante o ensino primário e secundário foi brilhante, com a exceção da componente de educação física.

Entre 1873 e 1875 frequentou a *École Polytechnique*, onde se distinguiu pelo seu brilhantismo em matemática e inaptidão para desenhar (teve zero no exame de admissão de Desenho). Depois ingressou para a escola de Minas para se tornar engenheiro, e dedicou o seu tempo livre ao estudo da matemática, em particular, a um problema em Equações Diferenciais. Foi sobre uma generalização deste problema que, três anos mais tarde, apresentou uma tese à Faculdade de Ciências de Paris, pela qual lhe foi atribuído o grau de Doutor em Matemática. Pela sua tese e alguns trabalhos que já tinha desenvolvido, em 1879 foi-lhe atribuída a cadeira de Análise Matemática na Universidade de Caen e, dois anos depois, foi para a Universidade de Paris. Em 1886, ainda em Paris, começou a lecionar as cadeiras de Física Experimental e de Probabilidades na Sorbone, mantendo estes cargos até o final da vida.

A gigantesca produtividade científica de Poincaré começou com a sua tese de doutoramento e acabou apenas em 1912, com a sua morte. Durante todo este período, absorvia instantaneamente os conceitos novos com que se deparava, e parecia estar constantemente no auge das suas capacidades. A sua obra é constituída por cerca de 500 artigos nas mais diversas áreas da Matemática, mais de 30 livros sobre Física Matemática, Física Teórica e Experimental, e ainda escritos sobre a Filosofia da ciência, a Filosofia da descoberta matemática e textos de divulgação científica.

Poincaré é conhecido por ter sido o Último Universalista, isto é, o último matemático que dominou e fez contribuições importantes em todas as áreas da matemática. O seu domínio absoluto da análise, principalmente da ANÁLISE COMPLEXA, foi parte importante do seu segredo para o universalismo, pois permitiu-lhe modernizar ataques a diversos problemas e estabelecer ligações inesperadas entre áreas distantes. Algumas das suas contribuições foram nas áreas de Equações Diferenciais, Funções Automorfas, Álgebra, Topologia, e Topologia Algébrica. Contribuiu ainda para a área da Teoria dos Números, e venceu um prêmio atribuído pelo Rei Óscar II da Suécia pelo seu trabalho no problema dos n corpos.

O seu mérito foi justamente reconhecido por várias instituições, e em 1906, atingiu a distinção máxima que um cientista francês pode obter, tendo sido nomeado presidente da Academia das Ciências.

Com a exceção de algumas viagens científicas na Europa, e uma única aos Estados Unidos, Poincaré esteve toda a sua vida em Paris. Teve uma vida ocupada, mas tranquila, e um casamento feliz do qual resultaram três filhas e um filho.

A 17 de Julho de 1912, com 58 anos de idade, Poincaré morreu de um embolismo enquanto se vestia.

A profundidade e variedade do seu trabalho fizeram de Poincaré um matemático sem rival no seu tempo e um dos mais influentes matemáticos da história.

FONTE: FREITAS, 2008.

Atividades

1. Deseja-se que as figuras A e B a seguir sejam semelhantes. A que melhor complementa a figura B, de modo que isso ocorra, é:

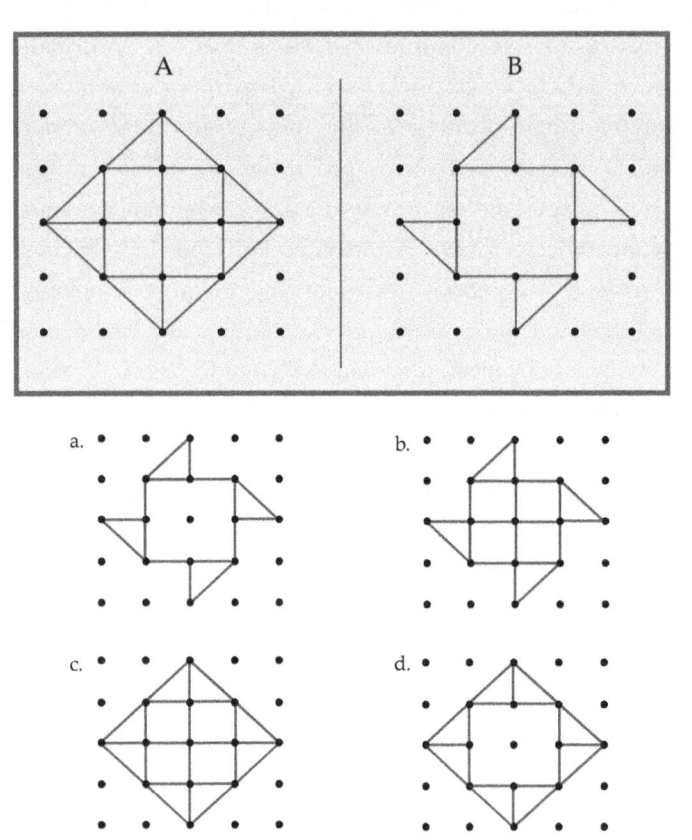

a.

b.

c.

d.

e. Nenhuma das alternativas anteriores.

2. Uma das figuras a seguir mostra um ângulo de medida diferente dos demais. Indique qual delas é a diferente:

a. I.
b. II.
c. III.
d. IV.
e. V.

3. Pilhas de cubos foram construídas, como na figura a seguir, da esquerda para a direita. Com relação ao acréscimo de cubos a cada uma delas, pode-se dizer que:

a. da primeira para a segunda foram acrescentados quatro cubos.
b. da primeira para a terceira foram acrescentados cinco cubos.
c. da primeira para a quarta foram acrescentados três cubos.
d. na primeira pilha há nove cubos.
e. na última pilha há treze cubos.

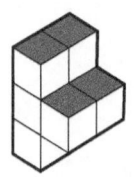

4. Ao reunir as duas pilhas de cubos 1 e 2, formou-se uma terceira pilha:

Qual das figuras a seguir representa a nova pilha formada?

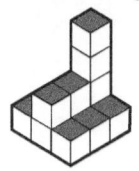

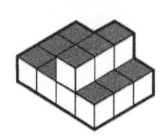

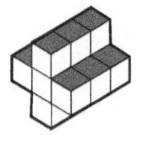

a. Somente a I.
b. Somente a II.
c. Pode ser a I ou a II.
d. Somente a III.
e. Nenhuma delas.

5. A figura que não corresponde a uma planificação de um cubo é:

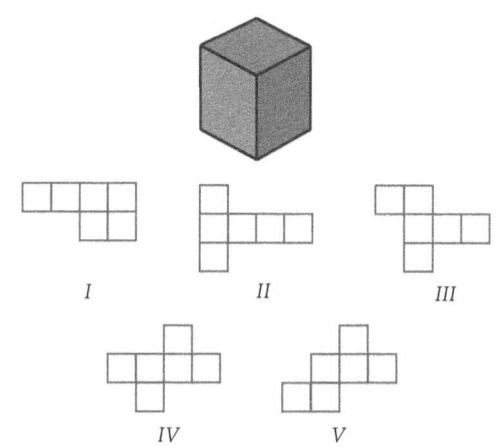

I II III

IV V

a. I.
b. II.
c. III.
d. IV.
e. V.

6. Avalie os trechos a seguir:

I. constância de percepção é uma habilidade espacial em que há reconhecimento de propriedades que variam de objeto para objeto.
II. constância de percepção é uma habilidade espacial pela qual há, além de reconhecimento de objetos, o estabelecimento de associação entre objetos.
III. a capacidade de visualizar uma figura dentro de um quadro mais amplo é uma característica da percepção de figuras em campos.
IV. determinar a relação de um objeto com outro e com o observador é uma das características da percepção de posição no espaço.

Com relação às afirmações expostas, pode-se dizer que:
a. I e II são verdadeiras.
b. I e III são verdadeiras.
c. I e IV são verdadeiras.
d. I é falsa.
e. I, II e IV são falsas.

7. Descobrir características de uma figura, a fim de compreender se ela é uma parte de um todo, é uma característica de:
a. percepção de figuras em campo.
b. percepção de posição no espaço.
c. constância de forma e de tamanho.
d. constância de percepção.
e. Nenhuma das anteriores.

8. A liberação do egocentrismo na formação da criança é uma característica:
   a. da teoria de Battro.
   b. da teoria de Piaget.
   c. da teoria de Hoffer.
   d. da teoria de Poincaré.
   e. dos Parâmetros Curriculares Nacionais.

(5)

Organizando o espaço
pelas medidas 1

José Carlos Pinto Leivas

Medir, contar e calcular são algumas competências que se espera de um indivíduo que tenha algum grau de escolaridade. Como interpretar a competência de homens que mostraram, no desenvolvimento da história, não terem uma escolaridade acentuada é um mistério. Estes, em geral, despertam o interesse e a curiosidade das pessoas. Dessa forma, iniciamos este capítulo com uma história retirada de um dos livros que mais estimulam a imaginação, a curiosidade e, principalmente, o interesse – e isso talvez seja algo que não se encontra presente na escola básica, especialmente no que diz respeito à matemática. Como é senso comum, Matemática é uma das disciplinas que não despertam o interesse dos alunos e, não menos, de muitos professores que atuam nesse nível de escolaridade. Os preconceitos com que a matemática tem sido tratada, como no texto a seguir, são exemplos concretos do que afirmamos.

> [...]
> No último dia do Moharrã[a], ao cair da noite, fomos procurados na hospedaria pelo prestigioso lezid-Abud--Hamid, amigo e confidente do califa.
> — Algum novo problema a resolver, ó Cheique? – perguntou sorridente Beremiz.
> — Adivinhou! – respondeu o nosso visitante. – Vejo-me forçado a resolver sério problema. Tenho uma linda filha chamada Telassim[b], dotada de viva inteligência e com acentuada inclinação para os estudos. Quando Telassim nasceu, consultei um astrólogo famoso que sabia desvendar o futuro pela observação das nuvens e das estrelas. Esse mago afirmou que minha filha viveria perfeitamente feliz até aos 18 anos; a partir dessa idade seria ameaçada por um cortejo de lamentáveis desgraças. Haveria, entretanto, meio de evitar que a infelicidade viesse esmagar-lhe tão profundamente o destino. Telassim – acrescentou o mago – deveria aprender as propriedades dos números e as múltiplas operações que com eles se efetuam. Ora, para dominar os números e fazer cálculos é preciso conhecer a ciência de Al-Kowarismo, isto é, a Matemática, resolvi pois, assegurar para Telassim um futuro feliz, fazendo com que ela estudasse os mistérios do Cálculo e da Geometria.

a. Moharrã – Mês do calendário árabe.
b. Telassim – Significa "talismã".

Fez o generoso cheique ligeira pausa e logo prosseguiu:

— Procurei vários ulemás[c] da corte, mas não logrei encontrar um só que se sentisse capaz de ensinar Geometria a uma jovem de 17 anos. Um deles, dotado, aliás, de grande talento, tentou mesmo dissuadir-me de tal propósito. Quem quisesse ensinar canto a uma girafa, cujas cordas vocais não podem produzir o menor ruído, perderia o tempo e teria trabalho inútil. A girafa, por sua própria natureza, não poderá cantar. Assim, o cérebro feminino, explicou esse daroês[d], é incompatível com as noções mais simples do Cálculo e da Geometria. Baseia-se essa incomparável ciência no raciocínio, no emprego de fórmulas e na aplicação de princípios demonstráveis com os poderosos recursos da Lógica e das Proporções. Como poderá uma menina fechada no harém de seu pai aprender fórmulas de Álgebra e teoremas da Geometria? Nunca! É mais fácil uma baleia ir a Meca, em peregrinação, do que uma mulher aprender Matemática. Para que lutar contra o impossível? Maktub! Se a desgraça deve cair sobre nós, faça-se a vontade de Allah.

O cheique, muito sério, levantou-se da poltrona em que se achava sentado, caminhou cinco ou seis passos para um lado e para o outro, e prosseguiu, com acentuada melancolia. [...]

Fonte: Tahn, 1999, p. 47-49.

Observamos, nessa pequena parte do texto, que a idade da menina é medida na unidade "ano", enquanto a unidade passo é usada nos deslocamentos do cheique de um lado para outro, sendo que ambas ilustram como podemos medir.

c. Ulemá – Homem dotado de grande cultura; sábio.
d. Daroês – Espécie de monge muçulmano. Na índia, chama-se *faquir*.

Como medir consiste em comparar duas grandezas de mesma espécie, isso não ocorre no excerto "É mais fácil uma baleia ir a Meca, em peregrinação, do que uma mulher aprender Matemática". Assim, o exemplo não permitiria medir tal comparação no sentido matemático.

Grandeza é tudo aquilo que pode ser medido, como comprimento, tempo, força, área, volume, intensidade de som, massa, velocidade, entre outros. Assim é que, na construção do espaço pelas medidas, não se pode dissociar medidas de grandezas.

Considerando que a psicologia da criança busca compreender o crescimento mental até a fase adolescente, esse crescimento não fica dissociado das demais formas de crescimento do indivíduo, como o físico e o emocional, por exemplo. Para Piaget e Inhelder (2003, p. 11), cada período do desenvolvimento anuncia os períodos seguintes, em parte, e isso ocorre claramente antes do período em que aparece a linguagem. Denominam de *"período sensório-motor* porque, à falta de função simbólica, o bebê ainda não apresenta pensamento, nem afetividade ligada a representações que permitam evocar pessoas ou objetos na ausência deles".

Para Piaget e Inhelder (2003),

a inteligência sensório-motora conduz a um resultado igualmente importante no que diz respeito à estrutura do universo do sujeito, por mais restrito que seja nesse nível prático: organiza o real construído, pelo próprio funcionamento, as grandes categorias da ação que são os esquemas do objeto permanente do espaço, do tempo e da causalidade, subestruturas das futuras noções correspondentes.

Compreendemos que desenvolver atividades que envolvam medições com diversidade de unidades é primordial para que a criança desenvolva a percepção espacial, como medidas de comprimento, de áreas e de volumes, por exemplo, fazendo estimativas e comparações para evocar, na ausência do objeto concreto, os conceitos relacionados. Dessa forma, a abstração é uma mera ausência física do objeto, isto é, o real pode ser abstrato, não fazendo sentido designar à matemática o caráter de lidar com coisas, ideias ou conceitos abstratos. A esse sentido comum, o qual é atribuído à abstração, consideramos a inexistência do real na mente do indivíduo, pois este não chegou a ser construído.

A álgebra é um exemplo bem concreto de que não há construção do real nos jovens que cursam sexta ou sétima série do ensino fundamental, o mesmo ocorrendo também em níveis mais avançados. A linguagem algébrica não tem significado para muitos deles, pois é a linguagem pela linguagem, sem a saída do real para o abstrato. Assim, quando se começa a falar em "é o x da questão", ou "este é o x do problema", ou "x representa um número desconhecido", não se está aludindo a nenhum objeto concreto, e o nível da abstração, como consequência da ausência do objeto real, não acontece. Dessa forma, para grande parte de estudantes, mesmo em níveis um pouco mais avançados, as expressões $2x$ ou x^2 ou $x/_2$ carecem de significação e o conflito cognitivo está posto.

Podendo a álgebra ser considerada uma aritmética generalizada, transpomos o mesmo problema para a tabuada, quando esta permanece apenas no nível da memorização.

No que diz respeito a medidas, propomos atividades orientadas ao futuro professor, para que ele mesmo as desenvolva em um nível coerente ao que se pode utilizar com as crianças. É dessa forma que nos referimos às atividades que temos proposto ao longo do livro, acreditando que tanto podem ser realizadas experimentalmente pelos próprios professores em sua formação inicial, aos quais o livro se destina, quanto em sua atuação futura.

(5.1)
Medindo grandezas

Medir uma grandeza é compará-la com outra de mesma espécie, a qual pode ser denominada de *unidade de medida*. Dessa forma, é importante desenvolver nas crianças as ideias de unidade de medida, instrumentos de medida e métodos utilizados para proceder à obtenção da quantidade de passos durante o deslocamento.

Para se medir uma grandeza, necessita-se saber a quantidade de unidades que são necessárias para expressá-la.

Atividade orientada 1

Pensamos nesta atividade para ser realizada com crianças bem pequenas. Coloque-as sentadas em uma roda no chão da sala de aula e convide uma das crianças para fazer a medição da frente da sala usando o próprio passo. Enquanto a criança vai se deslocando, toda a turma deve fazer a contagem com o professor, em voz alta. Faça um registro da quantidade de passos que ela obteve no quadro.

Solicite uma segunda criança, de estatura diferente, para fazer a mesma medição. Repita os passos anteriores. Discuta com as crianças a diferença na quantidade de passos que, por certo, irá aparecer. Você também pode utilizar alguma forma de fazer um sorteio ou premiação para decidir sobre qual criança irá fazer a medição, como ter cumprido alguma tarefa previamente solicitada ou, ainda, repetir a mesma atividade utilizando o palmo ou o pé colocado um em sequência do outro – atividade física que as crianças pequenas gostam de realizar para manter o equilíbrio.

As grandezas podem ser medidas de forma direta ou indireta. Diz-se que a medida é direta quando ela resulta de uma comparação direta entre a grandeza e a unidade correspondente.

Para medir a grandeza *comprimento*, pode-se utilizar o passo ou o pé, como indicado na atividade anterior (para medir a largura do pátio da escola, por exemplo).

Como nem sempre é possível obter medidas de forma direta, usa-se a medição de forma indireta, ou seja, utiliza--se a medida de outra grandeza relacionada à primeira. Um bom exemplo é a medida da massa específica de um corpo, que se obtém a partir da medida de sua massa e de seu volume. A massa específica é dada pelo quociente da massa do corpo pelo seu volume.

Figura 5.1

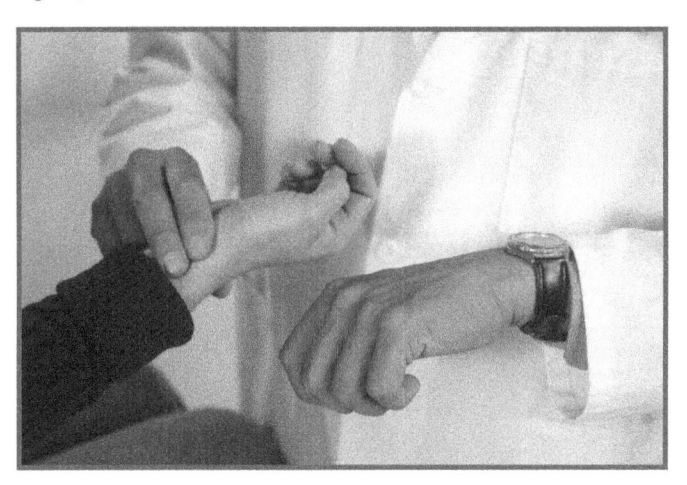

A figura anterior mostra a verificação da medida da frequência cardíaca de uma pessoa, que corresponde ao número de pulsações por minuto.

Muitas são as formas existentes na natureza que podem ser medidas, bem como identificadas como medidas contínuas ou discretas. Isso quer dizer, por exemplo, que, ao medirmos a quantidade de pés ou de passos durante um trajeto ou o número de pulsações do coração, estamos fazendo uma MEDIÇÃO DISCRETA; ao medirmos o tempo gasto por uma pessoa durante certo deslocamento, estamos fazendo uma MEDIDA CONTÍNUA.

Por outro lado, há certos eventos que não podem ser medidos, como o sabor dos alimentos ou os sentimentos das pessoas.

Dessa forma, acreditamos ser importante desenvolver nas crianças a ideia de medidas por meio de vários instrumentos e vários tipos de grandezas, de modo que construam o espaço ao seu redor utilizando variedades de unidades de medida.

Atividade orientada 2

Reúna as crianças pequenas de sua turma e coloque-as encostadas à frente da turma, numa ordem qualquer.

Chame dois alunos por vez e solicite que um deles faça uma estimativa visual dos três mais altos, por ordem, enquanto faz o registro em uma tabela, sem emitir opinião ou dizer se está certo ou errado. Ao outro, solicite fazer uma estimativa dos três mais baixos, na ordem crescente, e organize na tabela da mesma forma.

No segundo momento, escolha mais dois alunos para repetirem o procedimento anterior e faça os respectivos registros.

Repita tantas vezes quantas forem necessárias. Ao final, pode haver retorno a cada uma das situações e a reprodução de cada estimativa feita, dispondo os alunos na posição indicada.

Alunos mais altos

Observador	Aluno 1	Aluno 2	Aluno 3
1			
2			
3			
4			
...			

Alunos mais baixos

Observador	Aluno 1	Aluno 2	Aluno 3
1			
2			
3			
4			
...			

Essa atividade estimula a percepção na construção de alturas por aproximação visual.

(5.2)
Medindo a grandeza *comprimento*

Dienes e Golding (1977, p. 55), ao tratarem de jogos, os quais levam à compreensão do conceito de medida de comprimento, classificam-nos em vários tipos:

1. JOGOS CONCEITUAIS: São aqueles que envolvem conceitos de "mais comprido que, mais curto que, tão comprido quanto, mais alto que, maior que, menor que, tão grande quanto, mais perto que, mais longe que, tão longe quanto, estreito, largo, mais estreito que, mais largo que, grosso, fino", todos eles limitando-se, exclusivamente, à ideia de comprimento.

A Atividade orientada 2, proposta anteriormente, é um bom exemplo desse tipo de jogo, uma vez que o conceito envolvido é o de estimativas de alturas das crianças.

Atividade orientada 3

Envolva um grupo de crianças na coleta de pedaços de giz nas salas de aula da escola durante uma semana. Um segundo grupo fica encarregado de coletar caixas pequenas, como as próprias caixas vazias de giz ou outras semelhantes. No dia marcado pelo professor, reúna os alunos em duplas ou em trios e distribua um punhado de giz em cada caixinha, preferencialmente de tamanhos bem distintos. Cada grupo deve organizar uma separação dos pedaços de giz por tamanho, sobre a mesa, alinhando-os do menor para o maior.

Num segundo exercício, realize a atividade na ordem inversa.

Organize um passeio de cada grupo pelos demais grupos da sala, solicitando que o grupo visitado explique os mecanismos de organização que consideraram.

O professor não deve preocupar-se com as medidas, e sim com a separação que as crianças fizeram ao colocarem os pedaços de giz lado a lado. Basta que os pequenos consigam organizar mais ou menos os pedaços de giz.

2. JOGOS DE DISPOSIÇÃO POR ORDEM DE TAMANHO: Representam uma extensão dos jogos conceituais, buscando ampliar as distâncias visualmente, sem a necessidade de formalizá-las no sentido de comprimento dos pedaços de giz ou, até mesmo, da distância em que sejam colocados lado a lado. Muitas vezes, para algumas crianças recém-chegadas à escola, é necessário repetir muitas atividades do gênero. Podem ser utilizados lápis usados de diversos tamanhos, coleções de caixas vazias, brinquedos diversos, sempre levando em consideração um detalhe relevante: os objetos não devem ter tamanhos aproximados para evitar a tentativa de medição.

3. JOGOS PARA AVALIAR DISTÂNCIAS: Segundo Dienes e Golding (1977, p. 57), a sala de aula é o local ideal para realizar atividades exploratórias que levem as crianças a se envolver em arrumações na própria sala, alterando posições de armários, mesas e todos os utensílios móveis ali existentes, enquanto o professor vai fazendo questionamentos como: "Se deixarmos o armário grande no canto, vocês acham que eu poderia

colocar minha estante e o armário pequeno junto a esta parede, ou será que não há lugar?". Ao observar e analisar as respostas das crianças, o professor também pode levantar novos questionamentos e sugerir novas modificações na sala. Se a escola possuir outros compartimentos, com móveis não muito grandes que possam ser trocados de lugar, pode levar os alunos para tais locais (pequenas bibliotecas, salas de recreação, de educação infantil, de educação física, entre outros).

4. JOGOS DE INTRODUÇÃO DE UNIDADES DE COMPRIMENTO ARBITRÁRIAS: Esses jogos devem ser realizados com crianças que sintam necessidade de expressar os comprimentos por certa unidade numérica, como as sugeridas no item "Medindo grandezas". Com isso, surge a necessidade de um número maior ou menor de unidades de medidas para expressar certas distâncias indicadas pelo professor. Este pode solicitar uma estimativa da distância de cada aluno até a porta. Prevê-se que os alunos questionarão como obter essa medida. Solicite que eles proponham alternativas de medição, como a quantia de pés ou passos que um determinado aluno possui ou a medida do comprimento das mesas sobre as quais escrevem.

Atividade orientada 4

Prepare réguas de madeira ou de cartolina, sem graduação, de comprimentos bem distintos. Os alunos podem confeccionar tais réguas com cartolina, propiciando uma atividade de coordenação motora. Dependendo da idade desses alunos, leve modelos em folhas xerocadas para recortarem ou solicite que confeccionem de forma livre. Com isso, poderá explorar tanto o comprimento quanto a largura da régua.

Cada aluno realiza a medição da mesa da professora com sua régua, enquanto você faz o registro no quadro. A seguir, discuta os resultados obtidos e as diferenças encontradas, procurando justificativas convenientes e convincentes.

5. JOGOS COM AS PRIMEIRAS UNIDADES CONVENCIONAIS DE COMPRIMENTO: A partir da realização das atividades orientadas, o professor deve conversar com os alunos a respeito de como expressar, por exemplo, a medida de sua mesa, se nem todas as crianças, já maiores, encontraram a mesma quantia.

É nesse momento que se faz necessário convencionar uma unidade de medida, a fim de que todos tenham o mesmo número para uma mesma medição.

Sugere-se que o professor retome a história do conhecimento humano, quando o ser humano utilizava as medidas *pés* e *polegadas*, usadas até bem pouco tempo em bitolas de canos hidráulicos ou fios elétricos, por exemplo, e introduza, nesse momento, a unidade convencional de medida de comprimento, ou seja, o METRO, cuja abreviatura é *m*.

Atividade orientada 5

Promova um passeio com as crianças a uma loja de tecidos, a fim de que elas investiguem como as vendedoras fazem para medir a quantia de tecido necessária para a confecção de algumas vestimentas, como uma calça de menino e uma de homem adulto ou uma saia de menina e uma de mulher adulta, por exemplo. Pode também ser investigado como medir a quantia de tecido para confeccionar uma cortina para a sala de aula.

> Como tarefa para o dia seguinte, questione se alguma das crianças tem em casa algum instrumento como aquele encontrado nas lojas, ou seja, um metro construído em madeira ou uma fita métrica como a utilizada pelas costureiras.
>
> Peça às crianças que façam um desenho de um metro em miniatura na folha de seu caderno.

Aproveitando o conhecimento adquirido na Atividade 5, as crianças irão perceber, com o auxílio do professor, que não é possível utilizar o metro para medir a figura que foi desenhada no caderno, ou a mesa da sala de aula, ou as bordas do caderno. É o momento de introduzir outra unidade padrão convencional, que corresponde a um submúltiplo do metro, o qual permitirá fazer representações no caderno, como a figura do metro. Essa unidade é o CENTÍMETRO, simbolizado por *cm*.

Não acreditamos ser necessário falar com os pequeninos em centésima parte do metro, e sim estabelecer comparações visuais. Para isso, sugerimos fornecer para as crianças uma folha que contenha figuras como estas:

Figura 5.2

As crianças recortam as dez figurinhas mostradas anteriormente, deixando a linha abaixo delas livre na folha para poderem colar as figurinhas recortadas sobre ela. Desafie-as a colarem de modo a não sobrar nenhuma figurinha, não ficar nenhum espaço vazio na linha nem colar fora da linha.

Com isso, você irá construir com as crianças uma régua de dez centímetros, produzindo nelas a ideia mental do tamanho real do centímetro. Em nossa concepção, isso trará uma grande contribuição para a construção do espaço na criança, uma vez que esta poderá estabelecer, no início de sua formação, termos comparativos dessa unidade de medida, a qual será utilizada no decorrer de sua formação e atuação como cidadão.

Após a realização dessa atividade, o professor poderá construir uma régua de dez centímetros em uma material mais consistente para uso de outras medições na sala de aula. Sugerimos cartolina, papel cartão ou, até mesmo, caixas de papelão desmontadas.

Atividade orientada 6

Utilizando a régua de 10 cm com as crianças, faça as seguintes medições:

a. os comprimentos dos lados da mesa do aluno;
b. os comprimentos dos lados da mesa da professora;
c. a largura do quadro de escrever da sala de aula.

Elabore com os alunos uma tabela no quadro enquanto fazem as medições.

Estabeleça um comparativo entre os resultados obtidos por essa régua construída com uma unidade convencional e aqueles resultados conseguidos em atividades anteriores, com medições que não são únicas, como o passo, o palmo ou o pé, que variam de indivíduo para indivíduo.

(.)
Ponto final

Goulart (1997, p. 40), tratando de Piaget, especialmente no que diz respeito às conservações espaciais, faz a seguinte consideração:

> No período operacional concreto, certo número de invariantes de operações lógicas, correlacionadas ao espaço, se estruturam – a conservação de comprimento, da superfície e dos volumes espaciais.
> A primeira a se instalar é a conservação do comprimento, por volta dos sete anos. Ela supõe o domínio da noção de distância e o recurso a um sistema de referências, isto é, a conservação do comprimento requer a constituição do espaço como quadro que contém os objetos e no qual se conservam as distâncias.

Dessa forma, ao propor atividades orientadas que favoreçam o desenvolvimento dessas noções por parte do professor, primeiramente com seus pares na formação inicial, para, posteriormente, aplicá-las com crianças, temos dois objetivos fundamentais: o primeiro deles é dar segurança ao professor, ou futuro professor, na construção de seu próprio espaço geométrico, de forma lúdica, agradável, sem formalismos, precedendo a qualquer intuição geométrica de forma exploratória; o segundo é facilitar o trabalho do professor, fornecendo-lhe atividades que podem ser diretamente utilizadas com as crianças.

Acreditamos que desenvolver as atividades com segurança e com a convicção de que elas facilitarão a construção dos conceitos atrelados à geometria de forma real, concreta, ligada ao fazer diário das crianças em uma fase de seu desenvolvimento cognitivo, é primordial para uma construção plena, no decorrer de sua escolaridade, em níveis mais elevados.

Atividades

1. Grupos de formiguinhas estão buscando colher as folhas das árvores.

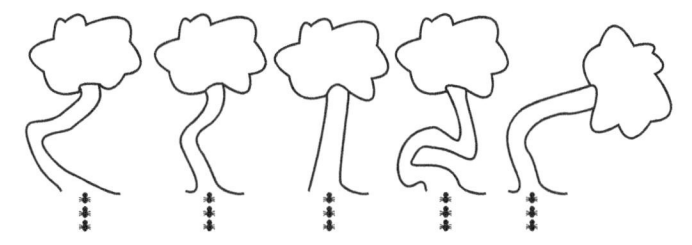

   Qual dos grupos percorrerá a menor distância para chegar às folhas, saindo da base do tronco da árvore?
   a. I.
   b. II.
   c. III.
   d. IV.
   e. V.

2. Utilizando uma régua de 10 cm, como a construída na Atividade orientada 5, as crianças concluíram que a quantia dessas réguas que cabem em um metro:
   a. é igual a 5.
   b. é igual a 10.
   c. é igual a 100.
   d. é igual a 20.
   e. Não é possível saber.

3. No mercado existem réguas de diversos comprimentos à venda. A mãe de João comprou para ele uma régua de 30 cm de comprimento, a mãe de Lúcia, uma régua cujo comprimento é de 20 cm e a de Carla, uma régua de 5 cm. Considerando essas informações, assinale a alternativa correta:
   a. Com sua régua, João mede a parede frontal da sala de aula e precisa utilizá-la um número maior de vezes do que Carla.
   b. Utilizando sua régua, Carla não consegue medir a largura de seu caderno, pois a régua é muito maior que essa largura.
   c. Uma medida com a régua de Lúcia, acrescida de duas medidas com a régua de Carla, é o mesmo que uma medida com a régua de João.
   d. Um metro pode ser medido com apenas três réguas de João.
   e. Não é possível medir um metro usando apenas a régua de Carla.

4. A figura mostra uma grade, a qual pode representar um geoplano 10 × 10, contendo 100 pontos. Sobre ela foram colocados palitos de diversos tamanhos, cada um deles representado por uma letra. Se os palitos fossem dispostos lado a lado, do menor para o maior, qual seria essa ordem?

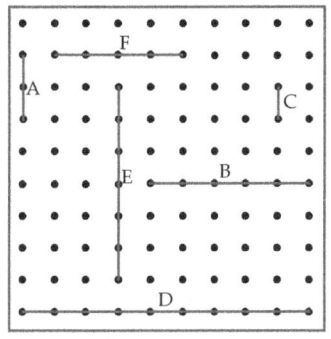

a. A, B, C, D, E, F.
b. D, E, B, F, A, C.
c. C, A, F, E, B, D.
d. C, A, F, B, E, D.
e. A, B, F, E, D, C.

5. A grade mostra cinco pedaços de palito distribuídos aleatoriamente. Ordene-os do maior para o menor:

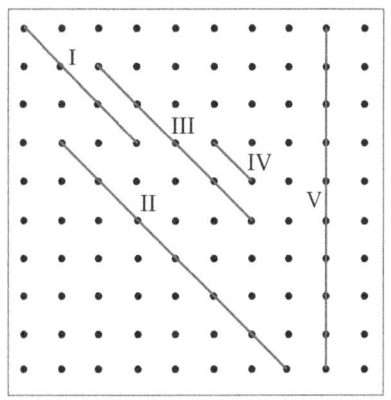

a. IV, I, II, III, V.

b. IV, I, III, V, II.
c. IV, I, III, II, V.
d. II, V, III, I, IV.
e. V, II, III, I, II.

6. Somente uma das afirmações a seguir é verdadeira:
   a. Grandeza é o mesmo que medida.
   b. Existindo grandeza, não existe medida.
   c. Medir é comparar duas grandezas quaisquer.
   d. Medir é comparar duas grandezas de mesma espécie.
   e. Grandezas e medidas só existem na geometria.

7. Leia com atenção as afirmativas a seguir:

   I. Medir certa grandeza é compará-la com outra de mesma espécie.
   II. A unidade de medida de uma grandeza é aquela que pode ser utilizada para comparar com outras grandezas de mesma espécie.
   III. Para medir uma grandeza, necessita-se conhecer o número de unidades necessário para expressá-la.

   Com relação a essas afirmações, pode-se dizer que:
   a. apenas a I é verdadeira.
   b. apenas a I e a II são verdadeiras.
   c. apenas a I e a III são verdadeiras.
   d. a I, a II e a III são verdadeiras.
   e. apenas a II e a III são verdadeiras.

8. Para medir comprimentos, não se pode usar como unidade de medida:

   a. a régua sem graduação (sem marcas).
   b. o metro de madeira.

c. a fita métrica.
d. um dos lados de um quadrado recortado em cartolina.
e. um pequeno quadrado construído em papel cartão.

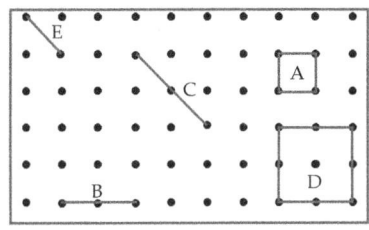

9. Considerando-se o geoplano da figura para introduzir o sistema de medidas de comprimento na pré-escola ou nas séries iniciais, a figura que melhor se adequa a esses níveis de escolaridade é a:

a. A.
b. B.
c. C.
d. D.
e. E.

10. Não pode ser determinada a medida do comprimento:
    a. do peso do cachorrinho de estimação.
    b. da trajetória percorrida por uma formiguinha, do seu formigueiro até a árvore de onde está transportando as folhas.
    c. do espaço percorrido pelo automóvel do pai que leva seu filho da sua casa até a escola.
    d. do espaço que o cão percorre seguindo o carro do seu dono.
    e. do espaço que a abelha percorre, da colmeia até a flor, para colher o néctar.

(6)

Organizando o espaço
pelas medidas 11

José Carlos Pinto Leivas

Ao tratar sobre a questão da indisciplina na escola, Parrat-Dayan (2008) apresenta regras morais e o conceito de indisciplina. Para ela, o que ocasiona tumulto na sala de aula – e com o que professores e alunos convivem de forma quase natural – é a indisciplina, que é objeto de tratamento no âmbito da escola e deve ser diferenciada de violência. Esta última deve ser tratada no âmbito externo à escola, a saber, no âmbito policial ou judiciário.

No plano individual, a palavra disciplina pode ter significados diferentes, e se, para um professor, indisciplina é não ter o caderno organizado; para outro, uma turma será caracterizada como indisciplinada se não fizer silêncio absoluto e, já para um terceiro, a indisciplina até poderá ser vista de maneira positiva, considerada sinal de criatividade e de construção de conhecimentos.☒_pp_r+B _w_l ᵗ10. . 6ᵗtn,☐/7'

O que pretendemos seguir, neste capítulo, é a terceira forma de indisciplina, apresentada pela autora, no sentido de criar na sala de aula uma forma diferente de ensino da que se tem visto na escola atualmente e que tem perdurado ao longo dos tempos, de forma pouco inovadora, enquanto as crianças vivem tempos diferentes, não se resignando a um papel passivo no processo ensino-aprendizagem, como antes se tinha na escola. Assim, entendemos que a criança deve ser o agente principal no seu processo de aprendizagem, cuja formação deve ser contruída com a orientação segura do professor. Nesse sentido, a geometria talvez seja a área em que é possível envolvê-la de forma mais profícua, alegre e interessante.

A busca do estudante em ausentar-se da sala de aula, quer pelo não comparecimento às aulas, quer para não realizar tarefas enfadonhas, cansativas e reprodutivas gera, para muitos professores, uma forma de indisciplina que, em nosso entendimento, está estreitamente ligada à falta de criatividade e inovação nas aulas, podendo até mesmo representar uma forma de o aluno protestar contra a situação posta.

Considerando que a escola deve ser o espaço que melhor pode intermediar a saída da criança do convívio familiar para o desempenho na sociedade, temos de levar em conta aspectos levantados pelos estudos piagetianos, segundo os quais a criança segue e respeita regras, que não são, necessariamente, únicas e oriundas de uma só fonte.

A observação psicológica mostra para Piaget que a criança respeita múltiplas regras em todos os domínios, especialmente nas brincadeiras. Essas regras são também sociais, mas se apoiam em outro tipo de autoridade. Muitos pedagogos perguntaram-se se essas regras, características da sociedade de crianças, poderiam ser utilizadas em sala de aula. E essas experiências deram lugar a uma pedagogia moral do autogoverno, com a qual Piaget compartilha e que é totalmente contrária à pedagogia de Durkeim.⌐&_pp_r+B_w_1 *ti 0.. 6'

Concordando com a autora, antevemos, como Piaget, que a utilização em sala de aula de regras oriundas de um respeito unilateral é considerada como algo sagrado e que deve ser seguida por respeito, sendo exterior à consciência da criança e sem afetividade. Por outro lado, regras oriundas de acordo mútuo, estabelecido entre o professor e seus alunos, tendem a produzir efeito positivo por estarem relacionadas com a consciência destes últimos. Nesse sentido, acreditamos no envolvimento da criança em atividades múltiplas, diversificadas, atuando como partícipes do processo de construção, com regras bem elaboradas conjuntamente. Isso, parece-nos, contribui com a organização do pensamento geométrico e matemático em geral.

Segundo estudo de Piaget et al. (1986) com o jogo de bolinhas de gude com regras definidas, existem quatro níveis na prática das regras elaboradas:

- NÍVEL 1: As crianças menores de 3 anos manipulam os objetos do jogo a partir de seus desejos e de sua coordenação motora. Elas não se intimidam ou se submetem às regras por muito tempo. Segundo Parrat-Dayan (2008), esse estágio caracteriza-se pela ausência de regras fixas e obrigatórias.

- NÍVEL 2: Crianças com idades entre 3 e 5 anos brincam com as bolinhas de maneira mais ou menos fixa, tentando seguir as regras ou parte delas, mesmo sem compreendê-las muito bem. Enquanto brincam, mesmo juntas, seguem regras diferentes sem a preocupação de ganhar o jogo.
- NÍVEL 3: Crianças com idades próximas a 8 anos coordenam o jogo a partir de regras e passam a se interessar por ganhá-lo, compreendendo que devem ser seguidas tais regras para haver um único vencedor.
- NÍVEL 4: Em geral, esse nível é atingido pelas crianças aproximadamente aos 12 anos, quando estas procuram dominar as regras estabelecidas (e as dominam), buscando antever possíveis resultados e tentando encontrar os casos não previstos por essas regras.

As atividades orientadas propostas a seguir visam complementar o texto e podem ser realizadas pelo futuro professor de forma concreta, no momento do estudo ou, posteriormente, com crianças.

Atividade orientada 1

Solicite às crianças que tragam algumas bolinhas de gude para uma aula a ser realizada em data fixada. Nessa mesma aula, discuta com os alunos regras que nortearão a atividade. Por exemplo:

1. O aluno que não trouxer nenhuma bolinha na data prevista perde ponto.
2. O jogo será feito em duplas ou trios.

3. Conta um ponto o aluno da dupla que acertar na bolinha do outro.
4. Perde um ponto o aluno que pular a vez de jogar do companheiro.
5. Ganha o jogo o aluno que obtiver mais pontos depois de um tempo prefixado.
6. Ganha dois pontos o aluno que atingir a bolinha do colega num espaço maior do que dois passos do professor.
7. Outras regras definidas à escolha do professor.

SUGESTÃO: Realizar a atividade por faixas etárias, conforme o experimento realizado por Piaget. Verifique, posteriormente, se há ou não comprovação do que foi previsto para cada nível.

Atividade orientada 2

Sequência didática – estimando e tirando medidas

OBJETIVOS:

- explorar diferentes unidades de medida e instrumentos de uso social para medir comprimento;
- resolver problemas que envolvem determinar medidas, usando o centímetro e o metro como unidade de medida.

CONTEÚDOS ESPECÍFICOS:

- medição e comparação de medidas de comprimento, utilizando unidades de medida não convencionais (passos, palmos etc.) e convencionais (centímetro, metro, quilômetro, com diferentes instrumentos (régua, fita métrica etc.);

- estimativa de medidas de comprimento.

Ano 1º e 2º
Tempo estimado: Aproximadamente sete aulas.
Material necessário:

- cópia das atividades: uma para cada criança;
- régua, fita métrica ou trena: um instrumento para cada dupla de crianças.

Desenvolvimento

- Atividade 1: As crianças das séries iniciais podem resolver problemas que envolvam a comparação de tamanho de forma direta, como comparar quem é o mais alto da classe, e outros que exijam intermediários (mãos, réguas, trena etc.), quando os objetos comparados não podem ser transportados, como saber se a janela é mais larga do que a lousa. Proponha que as crianças comparem se a sala de aula da sua turma é maior ou menor do que a sala de outra turma.

Solicite que calculem quantos passos serão necessários para ir da lousa até o fundo da sala. Peça-lhes que, nesse primeiro momento, realizem uma estimativa sem medir diretamente a sala, deem uma resposta aproximada e a anotem numa folha de papel. A seguir, proponha que meçam a quantidade de passos para conferir suas estimativas e que anotem na mesma folha, ao lado do primeiro registro.

Depois que realizarem a estimativa e a medida da própria sala, proponha que comparem as duas anotações e observem se há diferença entre elas. Logo após, peças-lhes que comparem as anotações com as de alguns colegas. Repita os mesmos procedimentos para medir a sala da outra turma e registre os dados em uma tabela, comparando os dados da sala da turma e da outra sala. Antes de propor a Atividade 2, é interessante que as crianças tenham alguma experiência em percorrer trajetos traçados no chão. Você pode organizar algumas atividades desse tipo no pátio da escola, inclusive em parceria com o professor de Educação Física.

- ATIVIDADE 2: Entregue para as crianças uma folha com o desenho de um trajeto marcado com alguns pontos (veja o exemplo).

Na aula de Educação Física, as crianças do 2º ano desenharam um trajeto no chão do pátio da escola. Para medir o comprimento do caminho que deveriam percorrer, utilizaram um bastão oferecido pelo professor. Observe o desenho e responda:

Figura 6.1

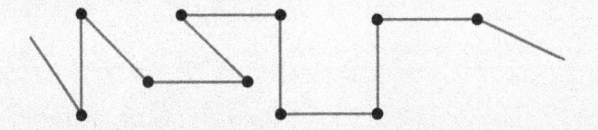

Qual foi a medida obtida? Como você fez para saber? Se você medisse esse mesmo trajeto utilizando um cabo de vassoura, a medida do caminho traçado seria a mesma? Por quê? Explique a sua resposta.

FONTE: MONTEIRO, 2008.

- ATIVIDADE 3: As crianças da educação infantil da Escola X precisam de uma mesa para colocar na sala de aula, de modo que caibam as coleções de cartelas dos joguinhos que irão realizar. Querem encomendá-la para um marceneiro, o qual lhes pergunta qual o tamanho do tampo da mesa para que caibam suas cartelinhas. Como as crianças orientaram o marceneiro? Nessa atividade, o professor deve disponibilizar para as crianças as cartelinhas dos jogos, as quais devem ser de dois tamanhos diferentes, uma régua e uma fita métrica.

Figura 6.2

Figura 6.3

Figura 6.4

Figura 6.5

Algumas crianças indicarão quantas das cartelas da Figura 6.4 cobrirão o tampo da mesa, outras indicarão o número de cartelas da Figura 6.5. É possível que alguma criança indique as dimensões da mesa, fornecidas pela fita métrica ou pela régua. Com tais atividades, constrói-se o conceito de medida de uma superfície plana.

Fonte: Adaptado de Monteiro, 2008.

(6.1)
Medindo a grandeza *área*

Com base na última atividade, iremos sugerir algumas que conduzam à construção do conceito de área, isto é, a medida de uma superfície. Entendemos que essas ideias intuitivas, sem necessidade de definições e rigor matemático, contribuem para que as crianças desenvolvam sua construção geométrica de forma mais efetiva que da forma convencional. Há livros didáticos atuais que aprofundam o conhecimento geométrico em torno de nomenclatura das figuras geométricas, tanto planas quanto espaciais, não se preocupando com a descoberta de características comuns e diferenças entre os objetos geométricos. Muitos até mesmo empregam fórmulas para cálculos rotineiros em séries iniciais.

Propomos, a seguir, a realização de atividades com geoplano, que é um tabuleiro com pregos distribuídos na horizontal e na vertical, podendo ser 4 × 4, isto é, 16 pregos distribuídos em 4 linhas e 4 colunas. Outros são constituídos de 25 pregos, distribuídos em 5 colunas e 5 linhas, e outros têm formato circular. Os espaços entre dois pregos consecutivos, na horizontal ou na vertical, correspondem a uma unidade de comprimento e, geralmente, são unidos com atilhos, semelhantes àqueles com os quais se amarra dinheiro. Dependendo da turma, em lugar dos atilhos, que podem propiciar alguma confusão entre os alunos, pode-se simular o geoplano em papel quadriculado ou numa folha construída pelo próprio professor.

No último caso, há a vantagem de se poder utilizar pinturas nas figuras demarcadas.

Figura 6.6

1 unidade de comprimento

1 unidade de comprimento

1 unidade de área

A UNIDADE DE COMPRIMENTO é dada pela linha que une dois pontos consecutivos, tanto na horizontal quanto na vertical. Essa é uma outra unidade de medida, diferente do palmo, do passo, do metro ou do quilômetro, por exemplo.

A UNIDADE DE ÁREA é dada pela figura formada por quatro pontos consecutivos, como os apresentados no geoplano anterior, isto é, uma região quadrada.

Atividade orientada 3

Forneça às crianças um modelo de geoplano de 25 pontos numa malha quadriculada, contendo diversas figuras, como apresentado a seguir, e canetas coloridas.

Figura 6.7

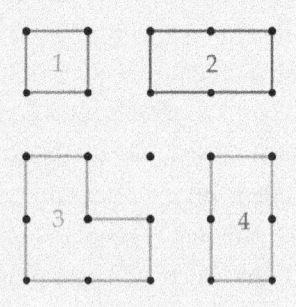

1. Proponha que as crianças preencham o interior de cada uma das Figuras 6.1, 6.2, 6.3 e 6.4 com a cor correspondente de sua fronteira.
2. Considerando a Figura 6.1, após colorida, como uma unidade para medir área, proponha às crianças justificarem quantas delas cabem nas Figuras 6.2, 6.3 e 6.4.

Esta atividade vai permitir que as crianças, mesmo as bem pequenas, percebam que é possível formar as Figuras 6.2, 6.3 e 6.4 a partir da Figura 6.1 e que, portanto, é possível medir tais figuras com a Figura 6.1. Nesse momento, é importante estimular as crianças a perceberem que o quadrado da Figura 6.1 se assemelha ao palmo para medir comprimentos, ou mesmo à régua, ou à fita métrica, e que nessas figuras não existe apenas o comprimento, pois não é mais uma linha, e sim uma superfície.

Atividade orientada 4

Forneça para as crianças uma grade com figuras, como as da Figura 6.8, as quais poderão ser confeccionadas em papel cartão colorido e recortadas em suas fronteiras. Distribua uma folha quadriculada para as representações.

1. Na tabela a seguir, a primeira coluna corresponde às imagens representadas, a segunda coluna corresponde às áreas de cada uma delas, considerando-se que a imagem A representa a unidade de área, isto é, corresponde a uma unidade de área (1 u.a.), e a terceira coluna corresponde à soma das medidas dos lados (perímetro), em que um lado da imagem A corresponde a uma unidade de comprimento (1 u.c.).

Imagem	Área	Perímetro
A	1 u.a.	4 u.c.
B		
C		
D		

Figura 6.8

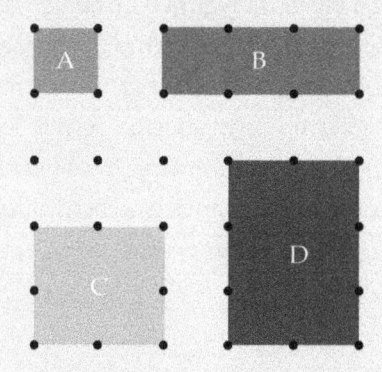

2. Forme uma figura usando duas das peças recortadas.
3. Desenhe essa figura numa folha quadriculada.
4. A figura formada possui quantas unidades de área?
5. E de perímetro?
6. Forme uma figura usando três das peças e repita os passos 3, 4 e 5.
7. Repita o procedimento usando as quatro peças e depois com todas as peças.

Atividade orientada 5

Distribua para cada criança uma grade, como a apresentada na Figura 6.9, reproduzida em papel-cartão.

1. Considerando a imagem I como unidade de área, obtenha as respectivas áreas.

   Imagem I: 1 u. a.
   Imagem II: .... u.a.
   Imagem III: .... u.a.
   Imagem IV: .... u.a.
   Imagem V: .... u.a.
   Imagem VI: .... u.a.

Figura 6.9

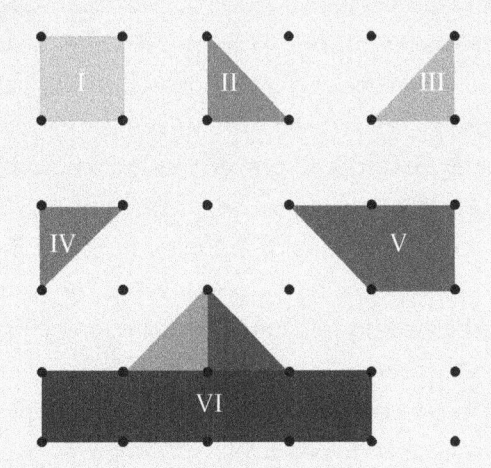

RESPOSTAS:
Área imag. I = 1; Área imag. II = ½; Área imag. III = ½; Área imag. IV = ½; Área imag. V = 1 + ½ = 3/2; Área imag. VI = ½ + ½ + 1 + 1 + 1 + 1 = 5

2. Recorte as peças e monte figuras, representando-as na folha quadriculada e obtendo suas áreas.

3. Monte figuras que possuam, respectivamente, 3, 4 e 4 ½ unidades de área.

(6.2)
Medindo a grandeza *volume*

Experiências têm mostrado que o ensino deve realizar-se a partir de certos sistemas pré-elaborados, oriundos de resultados de análise lógica. A aprendizagem, por outro lado, aliada a esses sistemas, tem sido mais efetiva e duradoura quando realizada a partir de experimentações reais.

Freudenthal (1973) diz que "o nível zero absoluto da geometria é o das experiências espaciais intuitivas não analisadas". Para esse autor, a criança é capaz de distinguir (e até mesmo nomear) certas estruturas geométricas de um modo bastante semelhante ao modo empregado para diferenciar entre um cachorro e um gato e seus nomes, pois os objetos concretos são os mais familiares para ela. A criança seria capaz de indicar uma série de características que distinguiriam o cachorro do gato, porém para ela seria muito difícil, quase impossível, distinguir um quadrado de um rombo (sinônimo de losango). Também não é certo que ela seja capaz de reconhecer as estruturas simples e se estas trocam de posição (um cubo colocado sobre uma de suas faces e o mesmo cubo colocado sobre um de seus vértices). Deve aprender, por outro lado, que as espécies geométricas são mais importantes e mais simples do ponto de vista das definições formais do que das biológicas, assuntos tratados apenas em manuais clássicos, nos quais a geometria começa com uma série de definições formais e onde nem a necessidade nem o caráter dessas definições podem estar claros.

Figura 6.10

Quadrado   Quadrado   Rombo

Dessa forma, temos que as experiências realizadas pelas crianças no espaço não ocorrem exclusivamente pela percepção, mas também pela exploração de sua movimentação no espaço, incluindo operações com certas estruturas geométricas. Por exemplo, podem ser realizadas atividades com cubos grandes almofadados para organizar estruturas geométricas espaciais com crianças bem pequenas. Em geral, essas crianças tentam organizar os cubos, colocando-os lado a lado ou superpostos, na tentativa de equilibrá-los da mesma forma que explora seu próprio equilíbrio.

Figura 6.11

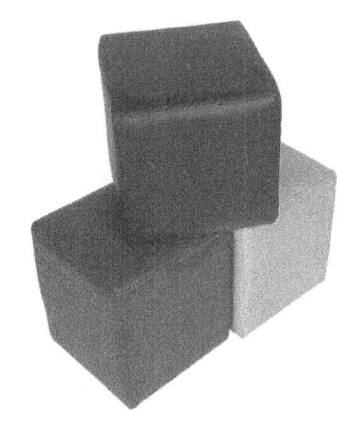

Atividade orientada 6

Utilize cubos (existentes nas escolas de educação infantil, confeccionados de material bem leve, em geral peluciados e coloridos), com medidas aproximadas a 30 cm × 30 cm × 30 cm.

1. Deixe as crianças brincarem à vontade com os cubos para reconhecimento e domínio do material.
2. Peça-lhes que organizem algum tipo de construção com os cubos, como uma parede, uma casinha, um brinquedo, deixando a imaginação e a criatividade das crianças fluírem.
3. Construa com os cubos labirintos, pontes e obstáculos por onde as crianças pequenas possam passar ou saltar.

Tome um pequeno dado como este a seguir ou outro similar.

Figura 6.12

Discuta com as crianças as propriedades desse objeto: tem 6 lados (faces), que são figuras planas, como a folha do caderno ou o tampo da mesa; tem 8 cantinhos (vértices) e 12 linhas retas (arestas). Não se preocupe com a nomenclatura correta, pois acreditamos ser suficiente que as crianças distingam os três tipos de elementos encontrados no cubo. É importante também que distingam o próprio cubo, percebendo ser ele um objeto espacial, não achatado, cujas arestas têm todas a mesma medida.

Construa pilhas desses pequenos cubinhos, formando cubos maiores, como os apresentados a seguir.

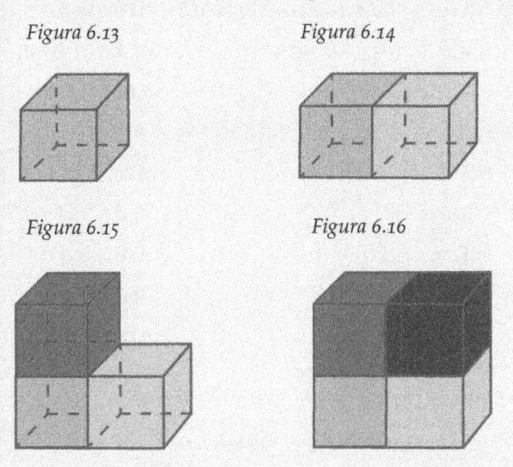

Figura 6.13

Figura 6.14

Figura 6.15

Figura 6.16

Na sequência de figuras construídas, a primeira faz parte das demais, isto é, a segunda é constituída por dois cubos, a terceira por três cubos, a quarta por quatro cubos e assim por diante. Dessa forma, considera-se o cubinho inicial como uma unidade que cabe nas demais. Assim, estamos possibilitando a experiência com uma nova medida de espaço: o volume. Podemos dizer, então, que uma unidade de volume (1 u.v.) corresponde a um cubo de uma unidade de aresta.

Nas figuras anteriores, temos, respectivamente, 1 u.v., 2 u.v., 3 u.v. e 4 u.v.

Atividade orientada 7

Solicite que as crianças tragam para a aula algumas embalagens vazias de iogurte, água ou suco pequenas, médias e grandes.

Na aula programada, estimule as crianças a compararem as capacidades de cada uma dessas embalagens. Dependendo da idade dos alunos, utilize areia bem fina, grãos de arroz ou líquido. As crianças deverão perceber a capacidade das embalagens, organizando-as a partir da menor, a qual pode ser considerada como uma unidade de medida de volume.

Atividade orientada 8

Construa uma caixa de faces quadradas (cubo ou hexaedro) com 10 cm (10 u.c.) de aresta, isto é, um cubo grande formado por dez cubinhos em cada face (100 u.a). O número total de cubinhos que constituem o cubo maior é de 1.000 cubinhos unitários, isto é, possui um volume de 1.000 u.v.

Tenha em mãos uma garrafa vazia de um litro (tipo pet) e areia fina. Encha a garrafa com a areia e, depois, transfira o conteúdo para a caixa. Ao comparar as capacidades dos dois objetos, a garrafa e o cubo grande, perceberá que são iguais.

Portanto:

1 litro = 1.000 u.v. = 1.000 mililitros (ml). Conclui-se então que o mililitro corresponde à milésima parte do litro.

(.)
Ponto final

As provas piagetianas quanto à conservação de volume mostram experimentos que envolvem copos com água e massa de modelar. Ao colocarem água até certo nível, em dois copos idênticos, e mergulharem uma bola de massa em um dos copos, as crianças podem perceber a subida do nível da água no segundo. É feita também a transformação da bola de massa em outro objeto e é questionado se haverá ou não mudança no nível da água, comparativamente à alteração sofrida quando se mergulhou a bola. De forma similar, devem ser feitos muitos experimentos, inclusive com sólidos geométricos. Goulart (1997, p. 89) fornece conclusões piagetianas a respeito da conservação de volume:

1. *A conservação do volume é uma noção alcançada quando a criança compreende que alterações de forma, posição, diferenças de peso não estão, necessariamente, associadas às variações de volume.*

2. *Essa noção é, geralmente, alcançada por volta de 9-10 anos, mais tardiamente do que a conservação de quantidade e peso. Parece haver uma hierarquia no surgimento desses três tipos de conservação.*

Utilizar uma variedade de princípios e conceitos introdutórios, sem o rigor das definições e justificativas bem estruturadas, permite, como na aquisição da linguagem materna, que o aluno adquira vocabulário, conceitos e propriedades de forma natural, pois, segundo os Parâmetros Curriculares Nacionais (PCN) (Brasil, 1997, p. 19), "A aprendizagem em

Matemática está ligada à compreensão, isto é, à apreensão do significado; apreender o significado de um objeto ou acontecimento pressupõe vê-lo em suas relações com outros objetos e acontecimentos". Dizem ainda os PCN em relação ao bloco Grandezas e Medidas:

> *Este bloco caracteriza-se por sua forte relevância social, com evidente caráter prático e utilitário. Na vida em sociedade, as grandezas e as medidas estão presentes em quase todas as atividades realizadas. Desse modo, desempenham papel importante no currículo, pois mostram claramente ao aluno a utilidade do conhecimento matemático no quotidiano.*

As atividades em que as noções de grandezas e medidas são exploradas proporcionam melhor compreensão de conceitos relativos ao espaço e às formas. São contextos muito ricos para o trabalho com os significados dos números e das operações, da ideia de proporcionalidade e escala, e um campo fértil para uma abordagem histórica (Brasil, 1997, p. 56).

Neste capítulo, procuramos reforçar as questões relativas a medidas de comprimento e introduzimos medidas de superfícies e de volume, tudo de maneira muito superficial e experimental, que, acreditamos, seja a forma mais apropriada para se iniciar no mundo da geometria. Tudo isso deve ser feito por meio de certas atividades concretas que façam parte da vida diária das crianças, bem como de construções que lhes sejam acessíveis e agradáveis.

Atividades

1. João saiu da sala de aula para encontrar sua mãe, que o esperava no portão da escola. Como durante a aula havia sido discutido sobre medidas, ele foi medindo os passos, que foram considerados por ele como unidade de medida. É possível que ele tenha encontrado ao final:
   a. 151 u.c.
   b. 200 u.a.
   c. 350 u.v.
   d. 1 u.v.
   e. 1 u.a.

2. A figura a seguir tem lados opostos pintados da mesma cor:

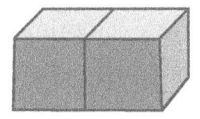

   Para representá-la, Janete utilizou o seguinte esquema:

De lado	De frente	De cima

   Se Janete tivesse apoiado sobre a mesa a parte cinza, o esquema que representaria seria:

   a.
De lado	De frente	De cima

b.

De lado	De frente	De cima

c.

De lado	De frente	De cima

d. Nenhum dos anteriores.

3. Considere a malha quadriculada a seguir, na qual o quadrado A representa uma unidade de área com perímetro igual a quatro unidades de comprimento B. Com relação às figuras nela representadas, pode-se afirmar que:

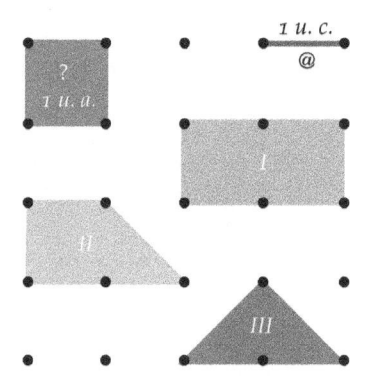

a. I tem área igual a 1 u.a.
b. II tem área igual a 1 u.a.
c. III tem área igual a 1 u.a.
d. I e II têm o mesmo perímetro.
e. a área de II é maior que a de I.

4. Seja a unidade de volume dada pela figura a seguir:

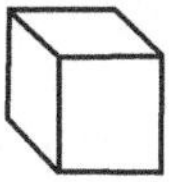

Com relação às figuras a seguir, pode-se afirmar que:

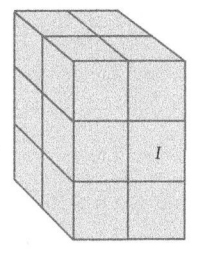

I

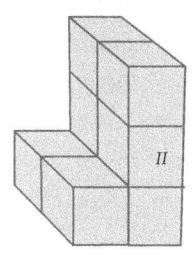

II

a. I tem volume menor do que 2 u.a.
b. II tem área igual à de I.
c. cabem somente 6 unidades em I.
d. II contém 8 unidades.
e. II contém 6 unidades e I contém 12.
f. a área de II é maior que a de I.

5. O litro é uma forma de medir volumes. Essa unidade é usualmente encontrada ao comprarmos:
a. arroz e feijão.
b. sorvetes.
c. almoço no restaurante.
d. tijolos para uma construção.
e. Nenhuma das alternativas anteriores satisfaz o enunciado.

6. Considere as seguintes afirmações extraídas do texto deste capítulo:

I. Piaget observou que regras nas brincadeiras não são respeitadas pelas crianças.
II. Parrat-Dayan diz que a indisciplina pode ser um sinal de criatividade e de construção de conhecimentos pelas crianças.

III. Os PCN dizem que grandezas e medidas apresentam um caráter prático e utilitário para os indivíduos.

Com relação a tais afirmações, pode-se dizer que:
a. apenas I é falsa.
b. apenas I e II são falsas.
c. apenas I é verdadeira.
d. apenas I e III são verdadeiras.
e. Nenhuma delas é falsa.

7. Com relação ao experimento de Piaget com o jogo de bolinhas de gude, pode-se dizer que:
a. a manipulação dos objetos do jogo ocorre a partir dos desejos e coordenação das crianças com idades maiores que 3 anos.
b. as regras para o jogo são muito diversificadas entre crianças de 3 a 5 anos.
c. até os 8 anos de idade as crianças já adquiriram as regras, porém ainda não se interessam em vencer o jogo.
d. próximo aos 12 anos, as crianças procuram dominar as regras do jogo.
e. somente na idade adulta é que são adquiridas as regras do jogo.

(7)

Transformando objetos planos
em objetos espaciais

José Carlos Pinto Leivas

Desde 1998, o Brasil possui o Referencial Curricular Nacional para a Educação Infantil (RCNEI), o qual orienta para o ensino e a aprendizagem na pré-escola. Nesse documento, a aquisição da autonomia por parte da criança pressupõe atendimento a recursos afetivos, cognitivos, sociais e culturais, de modo que ela perceba a importância de não apenas cumprir obediência, mas também de desenvolver aspectos de cooperação e de respeito recíproco para o bom desempenho da vida em sociedade. A escola exerce um papel relevante para a aquisição dessa autonomia, no sentido de planejar atividades e oportunidades para as crianças se desenvolverem, vislumbrando regras a serem seguidas e utilizando recursos de forma apropriada.

No que diz respeito à aprendizagem, o documento diz:

> A criança é um ser social que nasce com capacidades afetivas, emocionais e cognitivas. Tem desejo de estar próxima às pessoas e é capaz de interagir e aprender com elas de forma que possa compreender e influenciar seu ambiente. Ampliando suas relações sociais, interações e formas de comunicação, as crianças sentem-se cada vez mais seguras para se expressar, podendo aprender, nas trocas sociais, com diferentes crianças e adultos cujas percepções e compreensões da realidade também são diversas. Para se desenvolver, portanto, as crianças precisam aprender com os outros, por meio dos vínculos que estabelece. Se as aprendizagens acontecem na interação com as outras pessoas, sejam elas adultas ou crianças, elas também dependem dos recursos de cada criança. Dentre os recursos que as crianças utilizam, destacam-se a imitação, o faz de conta, a oposição, a linguagem e a apropriação da imagem corporal.

Dessa forma, a criança, interagindo com os colegas e com o professor, percebe e compreende seu papel e o dos outros, especialmente nas brincadeiras e nos jogos em que tem efetiva participação, mesmo que isso ocorra por imitação dos partícipes. Segundo o RCNEI (Brasil, 1998, p. 21), é na fase dos 2 ou 3 anos que a imitação entre as crianças pode apresentar-se como uma boa forma de comunicação entre elas. Cabe, assim, à escola, proporcionar-lhes diversas atividades em grupos, com brinquedos educativos diversificados e jogos em que possam desenvolver suas potencialidades. "A imitação é resultado da capacidade de a criança observar e aprender com os outros. A observação é uma das capacidades humanas que auxiliam as crianças a construírem um processo de diferenciação dos outros e consequentemente sua identidade".

Entre as atividades recomendadas para o trabalho na escola com crianças de 0 a 3 anos, destacam-se o brincar e o relacionar-se com crianças, com seus professores e com os demais profissionais da instituição, demonstrando suas necessidades especiais; para crianças de 4 a 6 anos, salienta-se que estas devem ter uma imagem positiva de si, ampliando sua autoconfiança, identificando cada vez mais suas limitações e possibilidades e agindo de acordo com elas.

Destacamos essa questão, em virtude do papel que a matemática e, em particular, a geometria podem desempenhar nessa tarefa a ser cumprida pela escola, em função do caráter organizativo do pensamento lógico próprio dessa área do conhecimento. Acreditamos, por isso, que uma boa formação dos profissionais que irão desempenhar funções com as crianças nessa formação inicial é fundamental, para que eles próprios possam servir de modelo ou proporcionar modelos a serem imitados pelas crianças.

Nas atividades desenvolvidas, quando o professor ouve as falas das crianças e compreende o que elas querem comunicar, há o fortalecimento da autoconfiança destas nas situações educativas propiciadas. Acreditamos que, se isso for levado em consideração, com atividades envolvendo concepções geométricas, as quais possibilitem a transformação de objetos espaciais concretos, reais, em conceitos mentais abstratos, muito dos problemas que existem hoje de rejeição com a matemática e com a geometria tende a ser minimizado, se não eliminado.

Acreditamos que propiciar atividades orientadas ao futuro professor em sua formação inicial, mostrando como ele pode realizar determinadas atividades sem, entretanto, dar-lhe receitas prontas, pode ser um caminho para uma melhoria no ensino, como é indicado pelo RCNEI (Brasil, 1998, p. 29):

> *A organização de situações de aprendizagens orientadas ou que dependem de uma intervenção direta do professor permite que as crianças trabalhem com diversos conhecimentos. Estas aprendizagens devem estar baseadas não apenas nas propostas dos professores, mas, essencialmente, na escuta das crianças e na compreensão do papel que desempenham a experimentação e o erro na construção do conhecimento.*
>
> *A intervenção do professor é necessária para que, na instituição de educação infantil, as crianças possam, em situações de interação social ou sozinhas, ampliar suas capacidades de apropriação dos conceitos, dos códigos sociais e das diferentes linguagens, por meio da expressão e comunicação de sentimentos e ideias, da experimentação, da reflexão, da elaboração de perguntas e respostas, da construção de objetos e brinquedos etc. Para isso, o professor deve conhecer e considerar as singularidades das crianças de diferentes idades, assim como a diversidade de hábitos, costumes, valores, crenças, etnias etc. das crianças com as quais trabalha respeitando suas diferenças e ampliando suas pautas de socialização.*
>
> *Nessa perspectiva, o professor é mediador entre as crianças e os objetos de conhecimento, organizando e propiciando espaços e situações de aprendizagens que articulem os recursos e capacidades afetivas, emocionais, sociais e cognitivas de cada criança aos seus conhecimentos prévios e aos conteúdos referentes aos diferentes campos de conhecimento humano.*

Na instituição de educação infantil, o professor constitui-se, portanto, no parceiro mais experiente, por excelência, cuja função é propiciar e garantir um ambiente rico, prazeroso, saudável e não discriminatório, de experiências educativas e sociais variadas. Para que as aprendizagens infantis ocorram com sucesso, é preciso que o professor considere, na organização do trabalho educativo:

[...] a resolução de problemas como forma de aprendizagem.

O erro construtivo tem uma função primordial no processo cognitivo. Nesse processo, a criança elabora hipóteses que se apoiam em soluções próprias, particulares e provisórias para resolver problemas, por meio de aproximações sucessivas ao conceito cientificamente considerado. Nem todo erro cometido pelas crianças pode ser considerado erro construtivo, ele só faz sentido em um processo de elaboração cognitiva.

Assim, a resolução de problemas adquire um papel relevante no "novo" fazer matemático: a criança, ao buscar soluções, discute com os colegas argumentando e contra-argumentando, convencendo ou sendo convencida, estabelecendo parcerias para apresentar justificativas ao professor de forma convincente. Este último, por sua vez, precisa estar preparado e romper com o modelo conservador de ter um gabarito de resposta para cada problema. Isso não caracteriza, em geral, a resolução de problemas como tendência em educação matemática.

As atividades orientadas propostas neste texto têm por objetivo auxiliar o estudante para uma melhor compreensão do texto, por meio da elaboração de materiais concretos que possibilitarão a discussão em grupos de estudo e em futuras aplicações com as crianças.

Atividade orientada 1

Providencie 11 palitos de fósforos ou de picolé. Faça então a seguinte construção, no chão da sala com os alunos menores ou na carteira com os maiores:

Figura 7.1

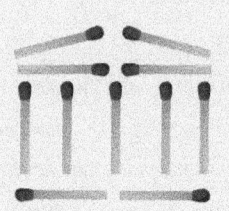

O professor deve desafiar as crianças a movimentarem 2 palitos e obterem 11 quadrados e também a moverem 4 palitos e obterem 15 quadrados.

RESPOSTAS:

Atividade orientada 2

O jogo de Marienbad[a]

Esse jogo pode ser realizado por 2 ou mais jogadores. O material necessário para o jogo é constituído de 16 palitos de fósforos. As regras são:

---

a. Esse jogo é também conhecido como *jogo do Nim*. Para ter mais explicações e outros exemplos desse jogo, acesse: <http://www.ime.usp.br/~trodrigo/documentos/mat450/mat450-2001242-seminario-2-jogo_do_nim.pdf>.

1. Sorteia-se a ordem de quem iniciará o jogo.
2. Cada jogador, na sua vez, retira o número de palitos de fósforos que desejar, pelo menos um, com a condição de que estes estejam situados na mesma linha.
3. Perde o jogo o jogador que tirar o último palito.

Depois de algumas vezes, altere o jogo, passando a jogar com mais ou menos palitos, dispostos da mesma maneira, isto é, cada linha contendo sempre dois palitos a mais que a linha anterior.

Figura 7.2

Fonte: Cat, 2001.

(7.1)
Da planificação ao espaço

A maioria dos objetos que estão ao nosso redor pertence ao mundo físico tridimensional, isto é, apresenta três dimensões, a saber: largura, comprimento e altura. Assim, a sala de aula é um espaço tridimensional, pois apresenta a parede da frente, que corresponderia à largura, o chão, que corresponderia ao comprimento ou profundidade, e a parede lateral, que poderia corresponder à altura; isso de modo geral, uma vez que cada uma dessas regiões possui duas dimensões. Então, a parede da frente teria uma dimensão, quando nosso olho percorre da esquerda para a direita ou vice-versa, que corresponderia à largura da parede, e outra, quando nosso olhar percorre do chão até o teto e percebemos a altura da sala. O chão apresenta uma dimensão correspondente à largura da sala, quando nosso olhar o percorre da esquerda para a direita, e outra, quando percorremos com o olhar da frente até o fundo, equivalente ao comprimento desta. De forma similar, a parede lateral fornece o comprimento e a altura.

Atividade orientada 3

Disponibilize uma folha de papel ofício branco e canetinhas coloridas para as crianças desenharem uma sala de aula ou uma casinha com somente quatro paredes externas. Discuta com elas, antes de iniciarem os desenhos, quais os procedimentos que pensam realizar, como se fossem pequenos engenheiros planejando a execução de uma obra.

Como seriam as medidas da parede?
Haveria alguma medida de comprimento? E de área?
Quantas dessas medidas se repetiriam nas construções?

Espera-se que, nesse momento, os alunos distingam comprimento de área e que percebam que são necessárias pelo menos três dimensões (comprimento × largura × altura) para se ter uma ideia de representação da sala ou da casinha.

Acreditamos que, partindo de objetos tridimensionais, isto é, sólidos geométricos, o ensino de geometria tende a ser mais eficiente do que se partirmos de figuras planas, que em geral não existem fora do mundo das ideias.

Atividade orientada 4

Utilize uma folha colorida de papel-cartão, ou papel dobradura, ou mesmo cartolina. Copie a figura do ANEXO 2 nessa folha, com dois cantinhos coloridos, e recorte-a pelo contorno externo. As regiões em cinza servirão de abas para as colagens. A parte colorida (pode preencher todo o cantinho) servirá para identificar dois cantos da figura após a colagem. Dobre a folha pelas linhas comuns a cada dois triângulos e cole-as. A figura obtida a partir da folha plana de papel é um sólido geométrico, ou seja, uma figura de um objeto espacial. O nome desse objeto é *tetraedro* e, embora a sua nomenclatura não seja relevante, pode ser incluída posteriormente, a partir da necessidade dos alunos de se referirem a tal objeto. Porém, para esse momento, basta que as crianças o caracterizem como uma pirâmide.

É relevante que o professor busque discutir com as crianças características que encontrarem no sólido, ou seja, nele aparecem cantos, como nas paredes da sala de aula, entre o chão e a parede frontal, por exemplo. Tais cantos são linhas e, portanto, passíveis de serem medidas por seus comprimentos. Além da linhas, também há regiões cujas áreas podem ser medidas, como as paredes. Finalmente, na transformação da figura desenhada no papel e levantada ao espaço, há obtenção de um sólido que pode até mesmo ser preenchido com areia ou água, dependendo do material em que foi confeccionado, obtendo-se uma medida de seu volume. Ainda, torna-se relevante, para a construção de objetos geométricos espaciais, a caracterização dos pontos onde as linhas (ARESTAS) comuns a duas FACES se encontram, os quais são denominados de *vértices*.

Figura 7.3

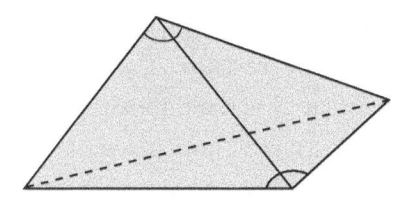

OBSERVAÇÃO: Note que, na montagem do sólido, a linha tracejada significa uma aresta que fica escondida por trás da figura e que as faces inferior e posterior e dois vértices aparecem coloridos. Aparece, ainda, uma face frontal, em tamanho original, e uma lateral.

Atividade orientada 5

Jogo real do Ur

Aproveitando as construções feitas pelas crianças na Atividade 4, elabore o jogo apresentado a seguir:

MATERIAL: tabuleiro, três dados piramidais, como os construídos na atividade anterior, com dois vértices pintados, e sete peças para cada jogador.

NÚMERO DE JOGADORES: dois.

OBJETIVO: ser o primeiro a retirar todas as peças do tabuleiro.

REGRAS:
1. Sorteia-se quem começa.
2. Todas as peças têm de estar fora do tabuleiro.
3. Um a um cada jogador lança os três dados. A pontuação faz-se do seguinte modo:
   - TRÊS VÉRTICES MARCADOS: movem-se cinco casas ou introduz-se uma peça no tabuleiro e volta-se a lançar os dados;
   - TRÊS VÉRTICES NÃO MARCADOS: movem-se quatro casas e volta-se a lançar os dados;
   - DOIS VÉRTICES NÃO MARCADOS: o jogador não se move e perde a vez;
   - UM VÉRTICE NÃO MARCADO: move-se um lugar e perde-se a vez.
4. Para que uma peça possa entrar no tabuleiro, têm de sair três vértices marcados.

5. Cada casa só pode ter uma peça. Se uma peça cair numa casa ocupada por outra do adversário, a primeira come a segunda, expulsando-a do tabuleiro e devolvendo-a ao seu proprietário, que poderá utilizá-la de novo.
6. Uma peça só pode sair do tabuleiro com um número exato de pontos.
7. Ganha o primeiro que conseguir tirar todas as suas peças do tabuleiro.

Observação: o tabuleiro para o jogo está disponível no Anexo 3.

Fonte: Gt: 1º ciclo, 2001.

Atividade orientada 6

Usar uma folha colorida de papel-cartão, ou papel dobradura, ou mesmo cartolina. Ampliar a figura dada a seguir, transportando-a para a folha colorida e, posteriormente, recortando-a. Antes de recortá-la, coloque abas em lugares adequados de modo que se possa colar partes da figura planificada, transformando-a num objeto espacial. Já identificou qual é o sólido geométrico? E onde colocam-se as abas?

Figura 7.4

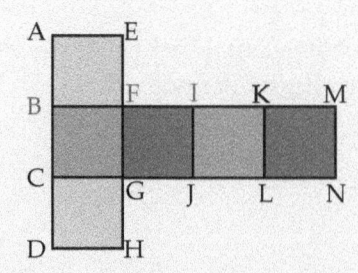

É importante identificar previamente o sólido a ser obtido, de forma que a visão espacial seja inicialmente estimulada na criança. A colocação de letras nos pontos assinalados permite o diálogo a ser estabelecido entre as crianças ou entre estas e o professor. Assim, três linhas irão sempre se encontrar num cantinho do sólido (VÉRTICES), denominado *cubo* ou *hexaedro*. Por exemplo, AB, BF e BC têm em comum o ponto ou vértice B. A cada duas faces, na planificação, estas se encontrarão, no sólido, numa linha do cubo (ARESTAS). Assim, a face ABFE tem em comum com a face BCGF a aresta BF. Uma possibilidade de visualizar o cubo é a seguinte:

Figura 7.5

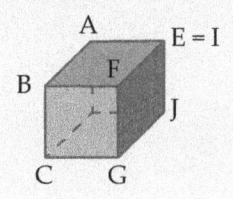

Atividade orientada 7

Estimular visualização no espaço é uma competência que julgamos deva ser desenvolvida e estimulada nas crianças. Considerando a planificação do cubo seguinte, complete as lacunas indicando a figura que se encontra na face oposta à indicada. Se for necessário, recorte a planificação e monte o cubo para que as crianças possam manuseá-lo.

Figura 7.6

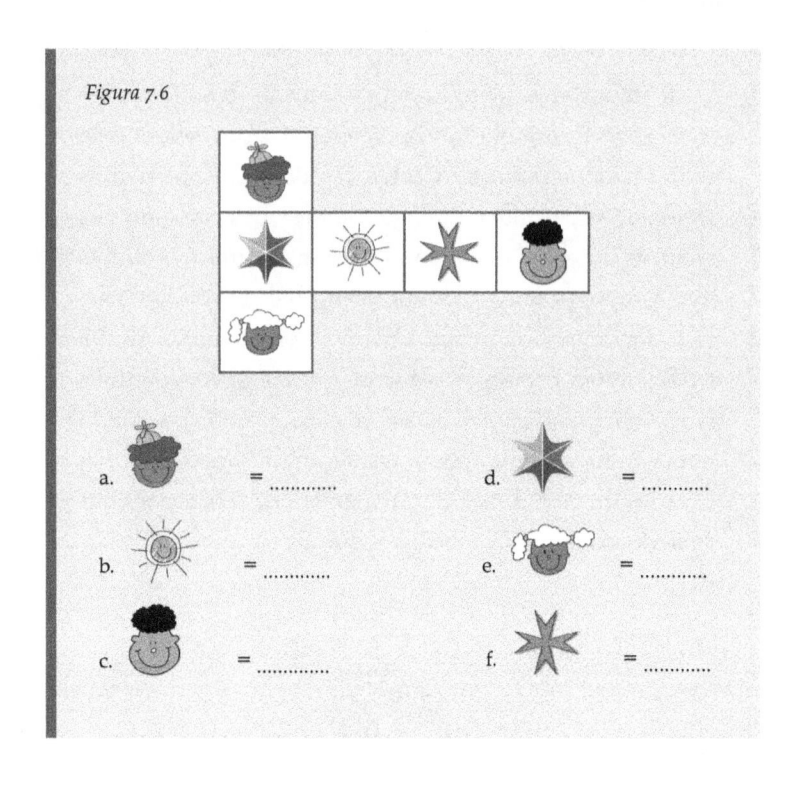

a. = ...   d. = ...

b. = ...   e. = ...

c. = ...   f. = ...

(7.2)
Do espaço à planificação

Considere o elenco de representações do mesmo cubo:

Figura 7.7

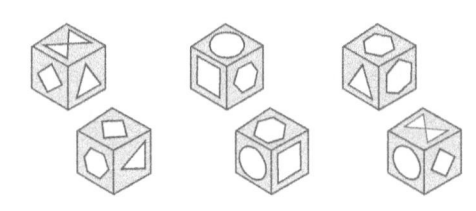

É interessante investigar, juntamente com as crianças, sobre qual ilustração se encontra desenhada na face oposta a cada uma dessas mostradas na figura, as quais o professor apresenta individualmente, em tamanho maior ou num *slide* ou lâmina. Julgamos oportuno e conveniente não utilizar o cubo com as figuras, a fim de que as crianças consigam fazer o caminho inverso ao realizado anteriormente.

Parta da gravura de uma casa e trabalhe a representação em planta baixa:

Figura 7.8

Solicite, por exemplo, que as crianças imaginem como são as peças da casa e as representem. Estimule representações como a seguinte:

Figura 7.9

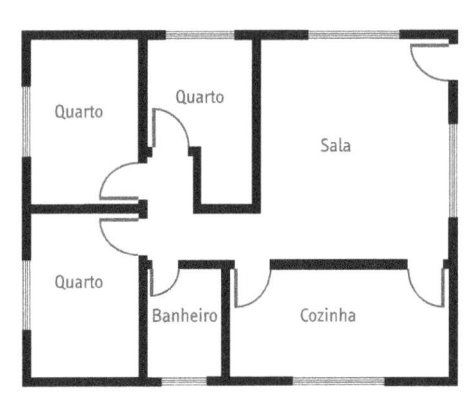

Nos Anexos 4, 5 e 6 são apresentadas planificações de diversos sólidos. Recorte-os e reúna-os aos sólidos que já foram construídos para as atividades anteriores. Disponibilize a coleção formada aos alunos, pedindo que desenhem o objeto espacial no caderno.

Em sequência, peça que façam um desenho de planificações dessas figuras. Discuta características e diferenças que as crianças encontram tanto em uma forma quanto em outra.

As provas de Piaget quanto à conservação de medidas de superfícies, segundo Goulart (1997, p. 94), consistem na apresentação de duas regiões retangulares, as quais representam dois pastos, sendo que cada um será comido por uma vaca diferente. Em um dos pastos são colocadas casinhas de papelão, distribuídas espaçadamente a partir do centro; no segundo pasto, a distribuição é feita a partir de um canto. Pergunta-se, na sequência, se a cada casa colocada as vacas terão a mesma quantidade de pasto para comer. Segundo a autora, as prováveis respostas das crianças serão:

Etapa 1 – anterior a 5 anos
A criança geralmente não se interessa pelo problema.

Etapa 2 – 5 a 7 anos
A criança acredita que a quantidade de pasto é diferente, bastando que se mova uma das casas para alterá-la. O equívoco surge, geralmente, após a colocação da 2^a ou 3ª casa.

Etapa 3 – por volta dos 8 anos
A criança se mostra segura quanto à resposta, verificando que estando juntas ou separadas as casas cobrem o mesmo espaço.

(.)
Ponto final

Como este capítulo foi norteado pelas transformações de objetos planos em objetos espaciais, não poderíamos deixar de considerar como ponto final a construção de um quebra-cabeças, formado por duas peças oriundas da construção, a partir do modelo a seguir.

Figura 7.10

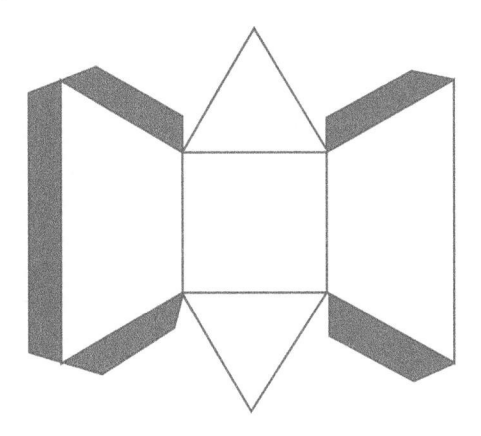

Acreditamos que, desenvolvendo atividades curiosas, recreativas, divertidas e exploratórias, dá-se um salto muito grande na tentativa de melhoria na qualidade do ensino de Matemática, especialmente ao estruturar o espaço geométrico, que tem tudo a contribuir para essa área do conhecimento.

O professor que atua na educação infantil deve ter em mente o papel fundamental que desempenha na formação da criança, sem o que não será possível, na maioria das vezes, reverter os malefícios de uma má formação, especialmente nos aspectos afetivos, necessários para se gostar de produzir conhecimentos matemáticos e ou geométricos.

Atividades

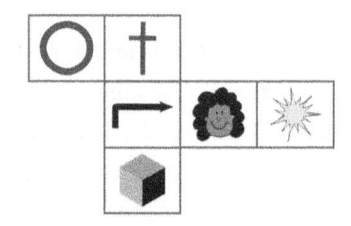

1. Uma planificação do cubo pode ser dada por:

   Duas faces opostas desse sólido são:
   a. a carinha e a argola.
   b. a explosão e a cruz.
   c. a caixinha e a carinha.
   d. a caixinha e a explosão.
   e. a carinha e o sinal de trânsito "Vire à direita".

2. Pegue uma folha quadrada de papel e dobre-a (Figura a) pelas linhas tracejadas. Dobre a folha novamente pelas linhas tracejadas (Figura b), levando os pontos A, B, C e D para o ponto O.

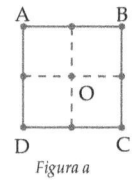

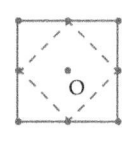

   Figura a

   Figura b

   a. Desdobrando-se tudo, ficam demarcadas somente duas linhas – uma horizontal e outra vertical.
   b. Como resultado da atividade, obtêm-se apenas um quadrado e um triângulo.
   c. Como resultado da atividade, obtêm-se cinco quadrados idênticos.
   d. Desdobrando-se tudo, ficam demarcados somente seis triângulos idênticos.
   e. Nenhuma da folhas produz quadrados.

3. Um sólido tem a forma de um paralelepípedo, como o da figura a seguir, e é constituído de pequenos cubos de 1 cm de aresta cada. Se na largura há cinco cubos, na altura há dois e na profundidade, três, então o volume do paralelepípedo é igual a:

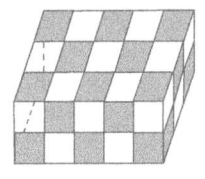

a. 30 cm.
b. 30 cm^2.
c. 30 cm^3.
d. 10 cm^2.
e. 10 cm^3.

4. Um sólido tem, em sua planificação, exclusivamente quatro regiões idênticas. Esse sólido é:
a. um dado ou cubo.
b. um octaedro regular.
c. uma pirâmide de base quadrangular.
d. uma pirâmide de base triangular.
e. uma pirâmide de base quadrada.

5. Pegando uma folha quadrada, fazem-se dobraduras na seguinte sequência:

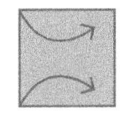

Pode-se dizer que, recortando-se pela linha da última dobra (figura da direita) e desdobrando-se tudo depois, o pedaço menor destacado representará:

a. uma figura de três lados.
b. uma figura de quatro lados.
c. uma figura redonda.
d. uma figura de dois lados.
e. nenhuma das respostas anteriores.

6. Considere as planificações de um sólido dadas a seguir:

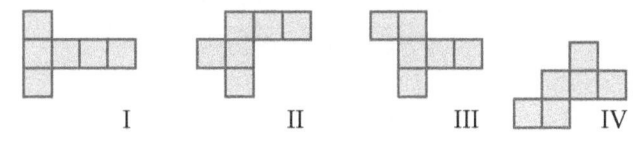

I   II   III   IV

Pode-se dizer que:
a. apenas II não é uma planificação do cubo.
b. apenas I e II são planificações do cubo.
c. apenas II e III são planificações do cubo.
d. apenas II e IV são planificações do cubo.
e. todas são planificações do cubo.

7. Se você tivesse à sua disposição o material dourado, poderia reproduzir o bloco a seguir. Supondo que não disponha desse material e utilizando apenas aspectos visuais e a intuição, diga quantos são os cubinhos existentes:

a. 27.
b. 15.
c. 16.
d. 25.
e. 36.

(**8**)

Organizando o espaço
por níveis de raciocínio

Mudanças, reformas e modismos curriculares costumam rondar os cursos de formação de professores, os quais, na maioria das vezes, ocorrem sem concepções filosófico-metodológicas compatíveis com os executores desses planos, ou seja, os professores que executarão o pretendido. Dessa forma, qualquer mudança que não leve em consideração esse fato tende a não produzir os efeitos desejados, como tem ocorrido em vários países. Há diferenças consideráveis entre um currículo elaborado e um currículo executado. Segundo Kilpatrick (2008), nos Estados Unidos, o National Council of Mathematics Teachers (NCTM) elaborou os *standards* ou normas para mudanças, buscando reformas para o ensino, as quais não ocorreram como o previsto pelo fato de que apenas 10% dos professores foram envolvidos em tais reformas curriculares.

A denominada *Guerra das Matemáticas* envolve a matemática moderna, com ênfase nos conteúdos matemáticos e suas estruturas, assim como uma apresentação abstrata--lógico-formal, oriunda dos matemáticos, em oposição às orientações dadas pelos *standards*, com ênfase na pedagogia e na aprendizagem ativa, bem como na atribuição de valor significativo aos conteúdos e a atividades investigativas.

Atualmente, Portugal analisa propostas de ajustamento aos seus programas da escola básica. Nesta, há alguns indicativos que destacamos em relação à área de geometria, como a importância do ensino do desenho como "exercício básico insubstituível em toda a linguagem plástica" (Aproged, 2008), com o que concordamos, uma vez que essa área do conhecimento tem inúmeras contribuições para a formação do cidadão, não se justificando que a matemática seja acessível apenas a uma minoria.

A importância de ser desenvolvida, no âmbito da formação do espaço na infância e na educação infantil, uma educação visual, não necessariamente incluída como uma disciplina específica no currículo, e sim entendida como uma componente interdisciplinar, pode ter uma contribuição efetiva na formação e no desempenho dos estudantes. Sendo a Matemática uma disciplina acentuadamente excludente, ou seja, responsável por uma grande evasão escolar, decorrente da falta de compreensão e consequente reprovação, é necessário que se proceda a todo tipo de esforços para minimizar tal efeito.

No Brasil, o RCNEI, os PCN, os Parâmetros Curriculares para o Ensino Médio (PCEM) e os Parâmetros Referenciais de Currículo do RS (PRC-RS) foram alguns dos documentos que buscaram, mais recentemente, orientar para reformulações e qualificar o ensino.

No que diz respeito à aprendizagem, uma teoria oriunda da década de 1970, formulada por um casal de educadores holandeses conhecidos como *os van Hiele*, vem sendo utilizada em alguns países no tratamento de geometria, por níveis de formação de raciocínio.

Essa teoria não leva em consideração a idade cronológica dos indivíduos, e sim o nível de desenvolvimento do raciocínio destes. Um indivíduo de idade inferior, segundo o modelo, pode estar num nível mais elevado que um indivíduo de idade mais avançada. Há de se considerar que, nesse modelo, o cuidado que o professor deve ter ao planejar, elaborar e executar as atividades é fundamental para o bom desenvolvimento do raciocínio.

Outro aspecto importante a se destacar, nesse modelo, é o fato de um indivíduo não conseguir atingir um nível mais elevado se não tiver atingido, antes, um nível inferior. Percebe-se muito isso, por exemplo, no final do ensino fundamental, quando os estudantes não conseguem visualizar um triângulo retângulo e suas projeções, a não ser que ele esteja na posição, assim dizendo, tradicional (Figura 1), ou seja, a hipotenusa ou lado maior é posicionado na horizontal, enquanto o ângulo reto, ou o vértice A, se encontra no semiplano superior determinado por essa hipotenusa. Quando o triângulo é colocado como na Figura 2, isto é, a hipotenusa não mais na horizontal, as dificuldades de visualizar as projeções m e n, respectivamente dos lados b e c, sempre estão presentes.

Figura 8.1   Figura 8.2

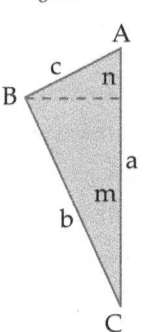

(8.1)

O nível 1 da teoria de van Hiele

O NÍVEL 1 dessa teoria, que, para alguns autores, corresponde ao nível zero, é denominado de *básico* ou de *reconhecimento* e apresenta características de identificação, comparação e nomenclatura de figuras geométricas, sempre levando em consideração propriedades retiradas dessas figuras por sua aparência global.

Nos níveis de desenvolvimento de raciocínio, é possível elaborar fases de cada um deles, por exemplo, uma FASE DE INTERROGAÇÃO E BUSCA DE INFORMAÇÕES, na qual o professor e os alunos, por meio do diálogo, realizam atividades que envolvem objetos apropriados ao nível sociocultural escolar das crianças. Nesse nível, são feitos questionamentos de qualquer natureza sobre os objetos em apreço.

Exemplos de atividades que podem ser enquadradas nesse nível:

Podem ser disponibilizadas às crianças muitas peças confeccionadas em EVA ou em papel cartão colorido, como a coleção de formas geométricas de retângulos e quadrados dados a seguir (Figura 8.3), sem identificação de nomes de cada um deles, pois estes não são relevantes nesse momento. Muitas vezes as crianças, e até mesmo jovens e adultos, não conseguem identificar um quadrado que não tenha um lado na horizontal como sendo um quadrado, atribuindo-lhe uma outra nomenclatura, a saber, um losango. Por isso, acreditamos que as propriedades devem emergir da construção desse conhecimento, por meio de investigações e pelo diálogo sequenciado com o professor. A nomenclatura vai surgindo até mesmo de uma forma similar à linguagem materna, na qual o vocabulário é adquirido à medida que a criança vai crescendo. Assim, o vocabulário matemático pode ir sendo "editado" conforme o crescimento da criança, e não exclusivamente num determinado dia de aula, no qual o professor o apresenta e exige que a partir dali todos conheçam o seu conteúdo.

Figura 8.3

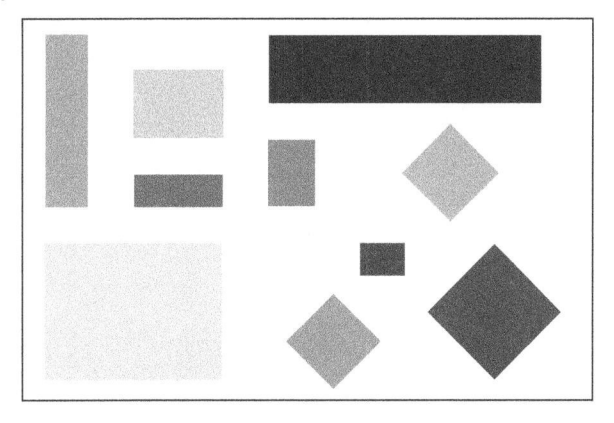

Pode-se, também, distribuir uma folha com a coleção de figuras apresentadas na Figura 8.3, solicitando que as crianças as recortem. Na sequência, pode-se fornecer às crianças três pequenos saquinhos ou envelopes e pedir que separem as figuras recortadas em cada um deles, seguindo um critério decidido por elas, pela aparência das figuras apresentadas. É esperado que crianças pré-escolares as separem em dois grupos: os mais alongados (os retângulos – Figura 8.4) e os mais arredondados (os quadrados – Figura 8.5). As crianças, em geral, já trazem um conhecimento prévio, e não é de se espantar que possuam os nomes de quadrados e de retângulos, o que é altamente positivo no processo de ensino-aprendizagem, devendo o professor tirar proveito disso, não ofuscando ou ignorando esse conhecimento da criança. Entretanto, o losango só vai aparecer mais tarde, decorrente do reconhecimento de relações, inclusive partindo para uma classificação de figuras de quatro lados, os denominados *quadriláteros*, dos quais há duas subcoleções – a dos retângulos e a dos losangos –, tendo as duas uma coleção em comum: a dos quadrados.

Figura 8.4

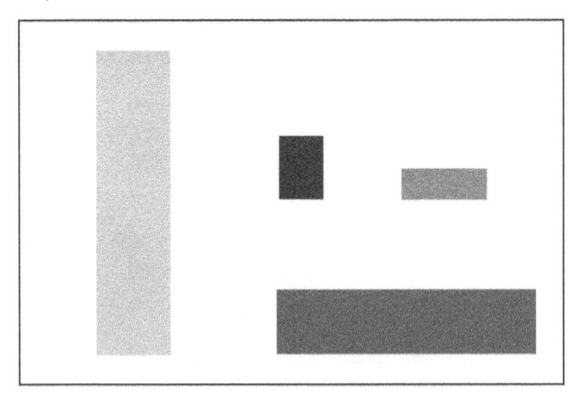

Figura 8.5

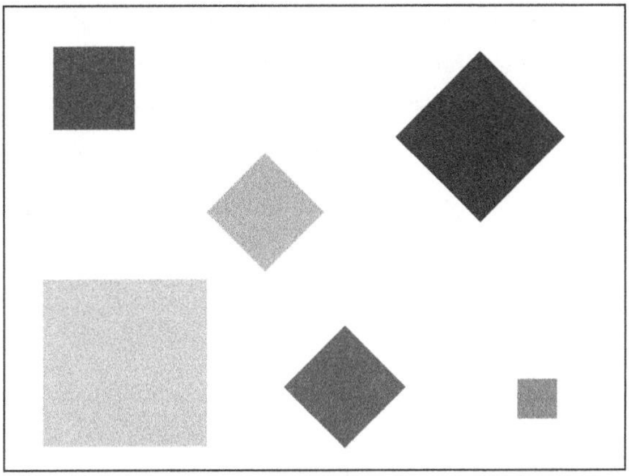

Assim, todo quadrado é simultaneamente um retângulo e um losango. Portanto, se uma criança identificar um quadrado como sendo um retângulo, então ela está absolutamente compreendendo propriedades comuns a esses dois objetos. Ao mesmo tempo, se ela compreender que um quadrado também é um losango, também estará compreendendo propriedades comuns. Isso, no entanto, só deve aparecer se decorrer das próprias investigações da criança, até mesmo porque certos cuidados devem ser tomados quanto à ordem inversa da fala, isto é, nem todo retângulo é um quadrado e nem todo losango é um quadrado.

Se algumas propriedades e relações emergirem, tanto melhor, mas não se deve ter a preocupação de que elas devam ocorrer. A maneira formal de apresentar com precisão propriedades e com nomenclatura exata não deve ser preocupação inicial nessa construção de conhecimento.

Sugerimos que seja elaborada uma nova sequência com as figuras anteriores, entretanto colocando todos os retângulos que não são quadrados em uma mesma cor, os quadrados numa segunda cor e os losangos que não são quadrados numa terceira cor. Investigue se as crianças colocam os losangos no mesmo saquinho que os quadrados e compare com a situação anterior.

O nível 1 se caracteriza, nessas duas atividades, quando um aluno consegue distinguir dois grupos de figuras que têm formas semelhantes. Além disso, por sua vivência anterior, ele poderá vir a dar nome a um grupo de quadrados e a outro de retângulos, sem, contudo, reconhecer propriedades de ambos.

Figura 8.6

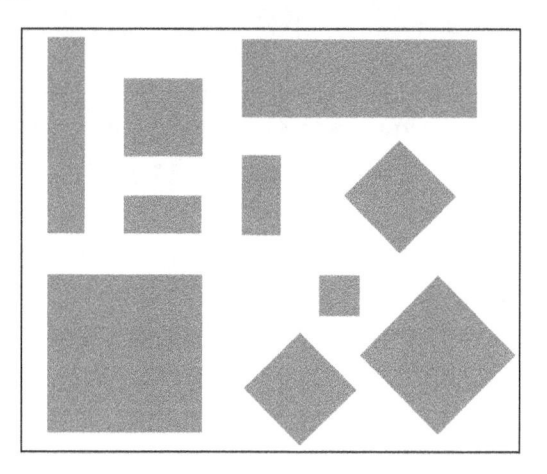

Uma segunda fase, definida dentro dos níveis do modelo de van Hiele, é a da ORIENTAÇÃO DIRIGIDA, na qual o professor, tendo um tema a ser estudado, organiza de forma sequenciada o material a ser utilizado para que os alunos o explorem.

Utilizando dobraduras, o professor pode proporcionar às crianças a construção de uma caixinha a partir de uma folha de ofício, discutindo os passos e os entes geométricos que irão surgindo. As crianças não precisam saber o que estão construindo e, se o professor preferir, pode combinar algo a ser colocado na caixinha, segundo sua própria criatividade.

Inicialmente, pode-se discutir, a partir de sugestões das atividades realizadas anteriomente, em qual grupo de figuras se enquadraria, por exemplo, a folha, ao que, acreditamos, responderiam que esta pertence ao grupo de retângulos. Como a folha pode ser recortada no modelo que se desejar, o professor pode orientar sobre como obter, a partir da folha em formato de retângulo, um formato quadrado. Pode ainda conversar a respeito de diferenças entre as medidas dos lados de uma figura e de outra, sobre como obter a ligação entre dois cantinhos (vértices) opostos do quadrado, ou seja, a diagonal desse quadrado etc.

Ao obter as duas diagonais do quadrado, pode-se questionar se é possível obter um ponto comum às duas, o que vai produzir o centro do quadrado.

Pode-se então tomar os quatro vértices do quadrado e dobrá-los na direção do centro, de modo que eles se encontrem. Observe-se que, ao fazer essa construção, se obtêm dois quadrados sobrepostos. É possível discutir e questionar qual a relação entre as duas áreas – a da figura inicial e a das obtidas.

Dobra-se então um dos lados do quadrado na direção do centro, de modo que este fique paralelo ao lado oposto a ele e que passe pelo centro. Em seguida, desdobra-se o lado e repete-se o passo anterior para o lado oposto ao dobrado. Repetem-se os dois passos anteriores para o outro par de lados paralelos.

Ao se abrirem as últimas quatro dobras, o que é possível observar nos quatro cantos do quadrado? Verifica-se que ficaram demarcados quatro quadradinhos.

Dobram-se os quatro quadrados pequenos obtidos nos quatro cantos pela sua diagonal, que também passa pelo vértice de cada quadrado maior. Depois, dobra-se a parte aberta de modo a formar um lado da caixa. Repete-se para o outro lado. Pronto, aí está a caixinha: um objeto espacial obtido pela transformação de uma folha de papel (objeto plano). É possível brincar com as crianças, demarcando linhas paralelas e perpendiculares, mesmo sem nomeá-las. Pode-se desmontar e montar a caixinha à vontade, bem como pintar os seus lados internos de uma cor e os externos de outra ou ainda colorir lados opostos de uma mesma cor, também demarcando os pontos que irão encontrar-se nos vértices da caixinha.

O método de dobraduras é um recurso didático excelente para trabalhar em várias idades, especialmente na transformação de entes geométricos planos, e não apenas geométricos, em entes espaciais.

A figura a seguir ilustra a sequência dos passos a ser utilizada para a confecção de uma caixinha, como descrito anteriormente.

Figura 8.7

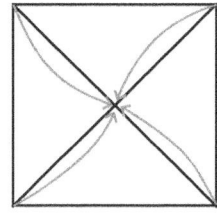

Passo 1

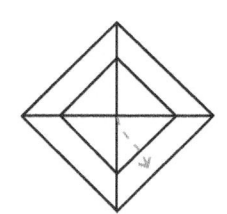

Passo 2 – Dobrar os triângulos vincados para dentro – repetir nos quatro vértices do quadrado.

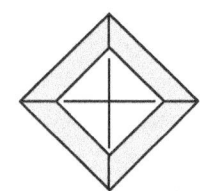

Figura resultante do Passo 2

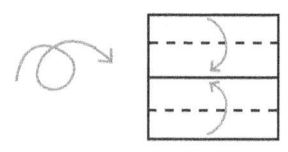

Passo 3

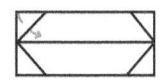

Passo 4 – Encaixar os quatro triângulos sob os lados menores do hexágono.

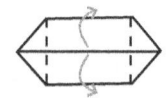

Passo 5 – Vincar na linha pontilhada e abrir o modelo na direção das setas.

FONTE: REGO; GAUDÊNCIO JÚNIOR; RÊGO, 2004, p. 108.

Ainda dentro dos níveis do modelo de van Hiele, a terceira fase consiste na EXPLICAÇÃO. É o momento em que os alunos expressam e trocam opiniões sobre as observações que realizaram, discutindo e concluindo sobre propriedades, características etc.

Sugerimos distribuir uma coleção de representações de objetos planos e espaciais às crianças, solicitando que elas pintem aqueles que visualizam à sua frente. Para isso, distribui-se, em uma estante, uma coleção de objetos espaciais. As crianças deverão formar pequenos grupos a fim de dialogarem e buscarem justificativas para suas escolhas, as quais deverão ser explicadas para toda a classe.

Figura 8.8

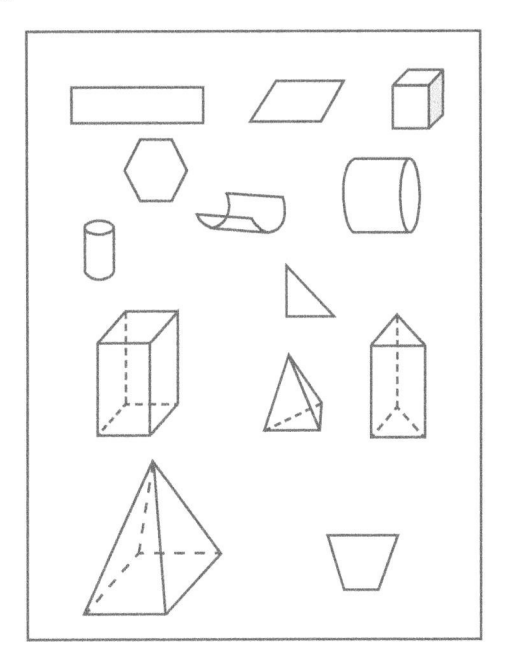

Na quarta fase na teoria de van Hiele, ocorre a ORIENTAÇAO LIVRE, na qual há o envolvimento em tarefas mais complexas, com muitos passos, que podem ser concluídas por mais de uma maneira. As atividades não são fechadas em seus resultados finais.

Deve-se reunir, com o auxílio das crianças, certa quantidade de caixinhas de diversos tamanhos e formas. Na sequência, juntam-se as crianças em pequenos grupos e solicita-se que cada grupo escolha pelo menos cinco caixinhas que tenham alguma coisa em comum, desde que não sejam embalagens de um mesmo produto. As crianças deverão dizer qual é o critério para a escolha.

Cada aluno do grupo deve selecionar um dos objetos escolhidos pelo grupo e fazer uma representação desse objeto numa folha em branco, sem pauta, fornecida pelo professor.

Na sequência, deve-se desmontar uma caixinha, apoiando-a sobre uma folha, e contorná-la com um lápis ou caneta, recortando-a, logo após, pela borda externa desenhada. Deve-se então dar um nome a cada uma das figuras que compõem a planificação da caixinha, mesmo que não seja o nome correto; as figuras são "batizadas", utilizando-se alguma característica que as identifique.

Uma última fase do modelo é a da INTEGRAÇÃO, na qual os alunos reveem os procedimentos de sua aprendizagem e os sumarizam, com o objetivo de ter uma visão geral do conhecimento adquirido e as possíveis relações encontradas.

Distribui-se uma folha de papel quadriculado e, em um cartaz, colocado no quadro, solicita-se aos alunos que pintem as figuras apresentadas e as recortem posteriormente.

Figura 8.9

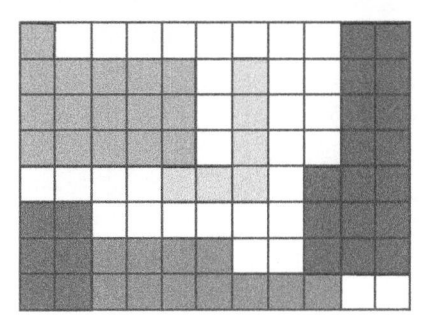

Em seguida, deve-se pedir que os alunos construam retângulos a partir das peças recortadas e os reconstituam numa folha quadriculada, especificando o número de quadradinhos constantes em cada um dos retângulos formados, ou seja, explicitando a medida de suas áreas. Ao mesmo tempo, é interessante considerar o perímetro de cada uma das peças e, na reunião destas, ir formando o retângulo. Obtém-se então o perímetro, estabelecendo-se relações entre a área e o perímetro das partes e do todo. Percebe-se, com essa atividade, que há a conservação de área na reunião das partes, o mesmo não acontecendo com o perímetro.

Figura 8.10

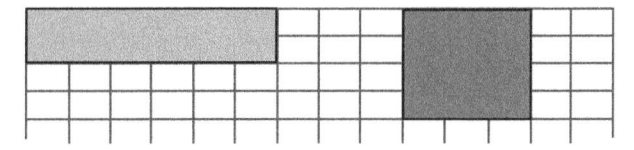

Neste item, procuramos explorar o nível 1 do modelo de van Hiele e também as fases que o constituem, que são as mesmas para os níveis subsequentes. Buscamos exemplificar o que caracteriza o nível, propondo atividades para que os professores que irão atuar na educação básica possam compreender a teoria, ao mesmo tempo que procuramos orientar para a realização de atividades, as quais podem ser adaptadas ao nível de escolaridade que contemplamos aqui, isto é, a educação infantil.

(8.2)
Os demais níveis do modelo de van Hiele

Não pretendemos, neste trabalho, discutir sobre os demais níveis da teoria de van Hiele, mas apenas dizer quais são esses níveis e suas principais características, dando exemplo de uma atividade que pode ser realizada, a fim de ilustrar o nível ao qual ela pertence.

O NÍVEL 2 (ANÁLISE): caracteriza-se, por exemplo, pela análise das figuras geométricas em termos de seus componentes, havendo o reconhecimento das propriedades dessas figuras e seu uso para resolver determinadas situações-problema.

Vejamos, a seguir, um exemplo de atividade que pode ser enquadrada nesse nível.

Considere-se uma malha em forma de paralelogramos e as marcas de ângulos coloridas. Pela análise visual ou outra que seja detectada, deve-se indicar quais delas relacionam ângulos "iguais". Após vários exemplos e situações diferentes, os estudantes podem estabelecer generalizações, pois ainda não estão no nível de estabelecer relações entre as figuras e também não compreendem definições. Uma possibilidade de obter relações é recortando a malha para associar as regiões assinaladas por sobreposição.

Figura 8.11

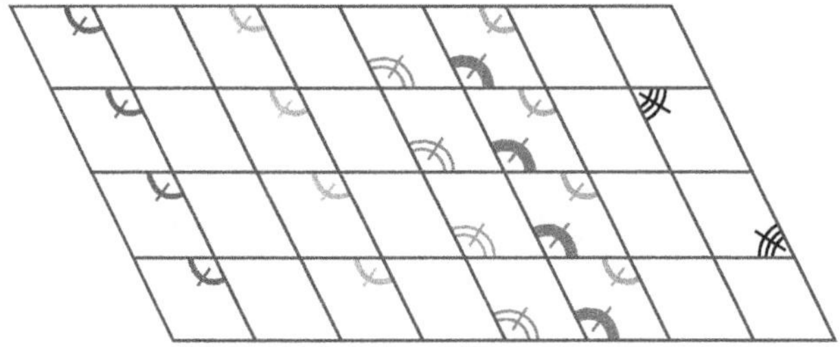

Embora as marcas, à exceção da cor preta, sejam de cores, marcas e espessuras diferentes, representam ângulos iguais, ou seja, de medidas iguais. Apenas as últimas duas marcas em cor preta representam ângulos diferentes dos anteriores. Há diversas razões para essa análise, dependendo do nível de escolaridade, mas, como comentado anteriormente, ainda não são estabelecidas relações entre os ângulos.

No NÍVEL 3 (ABSTRAÇÃO): ocorre a necessidade de que haja uma definição precisa do objeto em questão e, também, a percepção de que uma determinada propriedade pode ser decorrente de outra.

O NÍVEL 4 (DEDUÇÃO): ocorre quando o indivíduo já domina o processo dedutivo, ou seja, domina demonstrações com o rigor matemático.

No NÍVEL 5 (RIGOR): o aluno compreende completamente o formalismo matemático e consegue estabelecer relações e comparações em diversos sistemas formais.

(.)
Ponto final

Acreditamos que, para se fazer geometria, é necessário desenvolver com as crianças, desde o início de sua formação, certas habilidades espaciais que lhes permitirão ter um pensamento geométrico bem estruturado, galgado tanto em visualização quanto em representação. Para tornar isso possível, cremos que seja fundamental centrar o ensino na pessoa do aprendiz.

Figura 8.12

Não é raro que, ao se apresentar em uma classe uma imagem como a da Figura 8.12, em que uma riqueza de imagens pode ser identificada, esteja ausente a unanimidade na decisão quanto ao que é observado.

Embora esse seja um campo estudado pela física, o campo das ilusões óticas, é interessante que se concentre a atenção no educando, a fim de que ele não "veja" o objeto da mesma forma que o professor o percebe, pois isso é dependente do indivíduo, e não de uma visão global. Vencer essa dificuldade nos parece ser um dos grandes obstáculos do professor, uma vez que a prática tem mostrado que ele procura "passar" para o aluno tudo o que sabe, "transmitindo", dessa forma, o seu jeito de visualizar, que não é, necessariamente, o mesmo de todos os alunos.

Ao fazer a atividade sugerida, constata-se que nem todos os indivíduos têm a mesma forma de interpretar a figura. No caso da matemática, o mesmo ocorre, principalmente, com as representações planas de figuras geométricas espaciais. A discussão a partir do que é observado na figura pode ser um elemento gerador de uma mudança de concepção no ensino de geometria, deixando de lado seu velho método, no qual o professor elabora suas figuras e determina o que o aluno deve visualizar a partir dela, reproduzindo sua própria percepção. Parece-nos que isso poderia resolver uma grande dificuldade apresentada quando é necessário interpretar um problema de geometria enunciado em linguagem coloquial. Na maioria das vezes, nem estudantes nem, muitas vezes, professores conseguem fazer uma representação (desenho) conveniente do objeto do problema, para modelá-lo geometricamente.

Atividade complementar

Sugerimos a leitura do texto a seguir, acompanhado pelas atividades propostas, para trabalhar o primeiro nível de van Hiele.

Colcha de retalhos

Figura 8.13

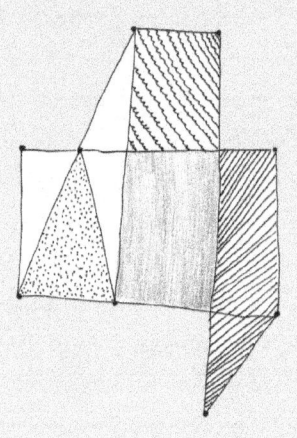

Para trabalhar figuras planas, peça para as crianças desenharem uma moldura em uma folha de papel sulfite e nela fazer nove pontos, aleatoriamente. Em seguida, elas devem traçar retas unindo dois pontos de cada vez. A imagem formada por triângulos, trapézios, retângulos etc. parecerá com uma colcha de retalhos. O próximo passo é colorir as formas. É de se esperar que os alunos não saibam o nome de todas e perguntem, por exemplo, como se chama a figura que tem seis lados. A inversão da dinâmica aumenta as chances de a turma se familiarizar com a nomenclatura das figuras geométricas.

A surpresa das sombras

Figura 8.14

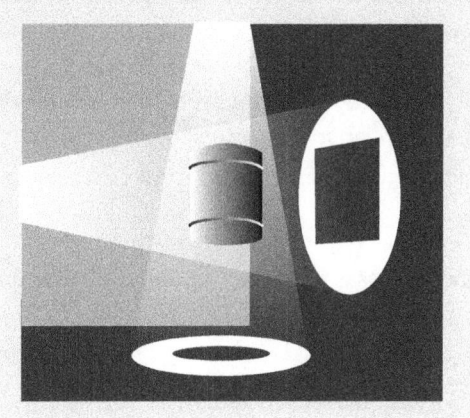

Para unir a geometria plana e a espacial, diga para os estudantes encontrarem um objeto cuja sombra (projeção) seja uma circunferência ou um retângulo. O ideal é que eles tenham várias opções à mão. Uma lata de molho de tomate satisfaz as condições do problema. Se a luz incidir em cima dela, a sombra formada será a de um círculo. Se o foco estiver na lateral, a sombra será retangular. Depois, inverte-se o desafio: quais as sombras obtidas de um cone?

FONTE: RIBEIRO, 2005.

Atividades

1. Observe a Figura 8.12 deste capítulo, para analisar as seguintes afirmações:

    I. Visualiza-se apenas uma idosa naquela figura.
    II. Visualiza-se apenas uma jovem naquela figura.
    III. Visualizam-se apenas uma jovem e uma idosa naquela figura.

    Com relação a essas asserções, pode-se afirmar que:
    a. todas estão corretas.
    b. todas estão erradas.
    c. apenas a I e a II estão corretas.
    d. apenas a III está correta.

2. Com relação ao modelo de van Hiele para o desenvolvimento do raciocínio em geometria, pode-se dizer que, no nível básico ou de reconhecimento, uma atividade que pode ser característica é a de:
    a. manipular, colorir, dobrar e construir figuras geométricas.
    b. deduzir fórmulas que relacionem vértices e arestas de um sólido geométrico.
    c. demonstrar que as diagonais de um quadrado se dividem pelo ponto médio.
    d. comparar os ângulos de triângulos em dois modelos de geometria.

3. Foi distribuída às crianças uma caixa que contém figurinhas de triângulos, quadrados, retângulos, pentágonos, hexágonos, cones, cubos, pirâmides e casinhas, confeccionadas em cartolina, e mais três caixas vazias, com a solicitação de que fizessem algum tipo de classificação. Uma

criança se enquadraria no nível básico ou de reconhecimento, se realizasse a seguinte distribuição:

a. Triângulos numa caixa, quadrados, retângulos, pentágonos e hexágonos em outra e os demais numa terceira.

b. Triângulos, quadrados, retângulos, pentágonos, hexágonos numa caixa e cones, cubos, pirâmides e casinhas em outra.

c. Todos os objetos numa única caixa.

d. Triângulos, quadrados, retângulos, pentágonos, hexágonos em uma caixa, cones e casinhas na segunda, e cubos e pirâmides na terceira.

4. Leia atentamente as afirmações a seguir:

I. Um cubo "parece um bloco ou uma caixa".

II. *Esquinas* são nomes atribuídos aos cantos de uma caixa.

III. Classificar como quadriláteros os polígonos que têm quatro lados e quatro ângulos.

IV. Diferenciar um losango de um quadrado em razão de este não ter, necessariamente, os quatro ângulos retos.

Dessas afirmações, a(s) que melhor caracteriza(m) o nível básico ou de reconhecimento, no modelo de van Hiele, é (são):

a. somente a I.
b. somente a I e a II.
c. somente a I e a III.
d. somente a I e a IV.

5. Foi proposta a seguinte atividade para um grupo de crianças: com uma folha de papel elas deveriam construir uma pipa e, para tal, precisariam dobrar a folha, analisar as dobras segundo a diagonal do quadrilátero formado e, finalmente, ajustar o tamanho do papel em ambos os lados. Segundo as características do modelo de van Hiele, isso caracterizaria:
   a. o nível 4 – da dedução.
   b. o nível 3 – da abstração.
   c. o nível 2 – da análise.
   d. o nível 1 – do reconhecimento.

6. Com relação à teoria de van Hiele, pode-se dizer que:
   a. possui apenas quatro fases.
   b. cada fase possui cinco níveis.
   c. cada nível tem cinco fases e cada fase tem quatro níveis.
   d. há cinco níveis e cada nível tem cinco fases.

7. Referente à teoria de van Hiele, pode-se afirmar que:
   a. orientação dirigida é uma fase.
   b. orientação livre é um nível.
   c. análise e integração são duas fases.
   d. interrogação e abstração são dois níveis.

(9)

A construção da noção de massa e de valor pela criança

Everaldo Silveira é licenciado em Matemática (1999) pela Universidade Iguaçu (Unig), especialista em Educação Matemática (2003) pela Universidade Federal de Ouro Preto (Ufop) e mestre em Educação Matemática (2007) pela Universidade Federal do Paraná (UFPR). Foi professor do ensino básico, nos estados do Espírito Santo e de Minas Gerais, por aproximadamente dez anos. Hoje, atua na formação continuada de professores que ensinam Matemática nas redes pública e privada em várias localidades no Brasil e é professor colaborador no Departamento de Matemática da Universidade Estadual do Centro-Oeste (Unicentro), no Estado do Paraná, bem como na Faculdade Internacional de Curitiba (Facinter), em cursos de pós-graduação a distância. É também autor de materiais didáticos.

Neste capítulo, estudaremos noções relacionadas às grandezas *massa* e *valor*, bem como apresentaremos algumas atividades que visam auxiliar no desenvolvimento dessas noções pelas crianças. É importante que o futuro professor perceba que, em alguns momentos, o texto busca dar ênfase a algum tipo de conhecimento necessário para que ele possa propor encaminhamentos aos alunos. Começaremos pelas noções relacionadas à grandeza *massa*, às formas de medi-la e às suas unidades-padrão. Após algumas atividades orientadas, relacionadas à construção da noção de massa pela criança, passaremos a discutir a grandeza *valor* e os seus elementos.

(9.1)
O que é massa, afinal?

Se começarmos a conversar com as pessoas sobre a massa corporal destas, podemos estar cientes de que surgirão algumas dúvidas sobre o assunto. Será claramente perceptível que as pessoas pensam em PESO ao se referirem à MASSA.

Podemos definir *massa* como a quantidade de matéria contida em uma unidade corpórea ou objeto. Essa quantidade de matéria está diretamente ligada à quantidade de partículas componentes dos átomos, ou seja, subatômicas, como prótons e nêutrons, cuja massa é mais significativa, e elétrons, cuja massa é cerca de 1.836 vezes menor.

A massa de um corpo é medida, basicamente, utilizando-se a unidade *quilograma*, comumente abreviada para *quilo*. Não se pergunta às pessoas, geralmente, qual é a sua massa corporal, e sim qual é o seu peso. As pessoas respondem, naturalmente, com os conhecimentos que possuem, ou seja, "meu peso é 67 quilos", por exemplo. Nosso problema começa a se mostrar aqui: se o quilograma é uma unidade-padrão para a grandeza *massa*, como pode ser utilizado para uma outra grandeza, o peso?

Como vimos anteriormente, massa é matéria, é quantidade. Essa quantidade de partes não se modifica de lugar para lugar, ou seja, a massa corpórea é a mesma em qualquer lugar no planeta Terra, sistema solar da Terra, Via Láctea ou universo, ao mesmo instante. Ela mudará somente se o número de partículas subatômicas do corpo se alterar, por exemplo, pela ingestão de alimentos ou pela perda de água quando as pessoas suam. Logo, podemos dizer que a massa caracteriza um corpo.

O peso é uma força gravítica (ligada à gravidade do planeta), ou seja, depende da massa dos corpos que estão envolvidos e da distância que os separa. Disso, podemos inferir que, sendo um desses corpos a Terra, quanto maior for a massa do corpo que é atraído por ela, maior será a sua força peso. O mesmo podemos dizer em relação à distância entre um objeto e a Terra: quanto mais perto o objeto se encontrar do núcleo da Terra, maior será o seu peso.

Por ser uma força, além de ser definido por um valor, que seria o seu módulo, o peso possui ainda uma direção (horizontal, vertical, inclinada) e um sentido (para cima, para baixo, para a direita etc.). Esse peso não pode caracterizar um corpo porque é variável de diversas formas. Por exemplo, o mesmo corpo tem pesos diferentes quando medido no Equador e em um dos polos do planeta. Como a Terra é achatada nos polos, o objeto se encontrará mais próximo ao núcleo do planeta quando está nesses locais, logo, seu peso é maior. Esse mesmo corpo tem medidas de peso ainda mais discrepantes se pesado na Terra e depois na Lua, por exemplo. Na Lua, devido à força da gravidade muito menor, tal corpo pesaria cerca de um sexto do que pesa na Terra.

Assim, respondendo à questão inicial, a unidade *quilograma* (kg) é utilizada pelas pessoas quando se referem ao peso, provavelmente porque o peso é sempre proporcional à massa. Como as pessoas não vivem se pesando aqui e em outros planetas, acaba sendo comum a utilização das duas grandezas, massa e peso, como sinônimos, embora sejam coisas bem diferentes.

Ainda ressaltamos que, como é muito complicado comparar as massas dos corpos, comparamos o peso entre eles e, assim, conseguimos resolver com sucesso um problema complicado.

Como as balanças já vêm preparadas para fornecer a massa em quilogramas, utilizando-se da força peso, podemos continuar falando que "vamos pesar um objeto"; porém, para não misturar as coisas, devemos concluir que "a massa do objeto que acabo de pesar é de 50 quilogramas".

Atividade orientada 1

Em um primeiro momento, é importante que as crianças conheçam os significados de expressões como "mais leve", "mais pesado", "mesmo peso", entre outras que sirvam para comparar a massa.

Como várias escolas possuem alguns brinquedos em um *playground*, vamos utilizar a gangorra nessa atividade.

No início, peça que um aluno se sente em um dos lados da gangorra, enquanto você se senta no outro. Provavelmente, o lado em que você se sentar ficará para baixo, tocando o solo, enquanto o aluno ficará suspenso do outro lado. Então, indague as crianças sobre essa situação, insistindo para que verbalizem por que você fica sempre embaixo e o coleguinha fica sempre em cima. A intenção é que, mesmo que você tenha de insistir um pouco, os alunos concluam que você é mais pesado de o coleguinha, por isso ele fica sempre embaixo. Certamente conclusões como "o professor fica sempre embaixo porque ele é maior" existirão, e não há problema algum nisso. Essa noção pode ser desfeita se você conseguir comparar duas crianças que possuem mais ou menos o mesmo tamanho, porém massas diferentes. Obviamente, o professor deverá tomar um certo cuidado para não expor uma criança que tenha problemas com a obesidade, mas a comparação pode ser feita sem que se chegue a esse ponto.

Após essa primeira fase, quando as crianças já demonstraram compreender por que um dos lados da balança pende para baixo, dê início à exploração de mais uma parte da atividade: a fase da comparação das massas das crianças.

Você pode abrir um espaço para que as próprias crianças tomem a iniciativa para tentarem se classificar quanto à sua massa. A intenção é perceber se as crianças dão conta de formar, em ordem crescente, uma fila organizada do mais leve para o mais pesado, tendo como instrumento de comparação apenas a gangorra.

Figura 9.1

Os resultados conseguidos com a gangorra serão, até certo ponto, arbitrários, já que a própria gangorra, normalmente, está pensa para um lado, o que indica que um dos lados está mais pesado que o outro. Porém, o mais importante, nesse momento, não são os resultados exatos, e sim a percepção pela criança de que alguns corpos são mais leves e outros, mais pesados. Essa atividade pode levar as crianças a perguntarem se não há um jeito de saber com certeza quem é mais pesado ou quem é mais leve. Assim, poderá surgir a discussão sobre um novo instrumento de medida para a grandeza *massa*: a balança.

Atividade orientada 2

O funcionamento de uma balança de pratos é muito semelhante ao de uma gangorra. Como propomos uma atividade com a gangorra, agora é um bom momento para irmos adiante, ou seja, utilizarmos uma balança de pratos para desenvolver atividades de comparação de pesos de objetos menores. Ainda não pretendemos pesar os objetos utilizando as medidas padronizadas, mas apenas comparar os pesos de alguns objetos entre si.

Uma balança de pratos é algo relativamente simples de confeccionar e é essencial em trabalhos com comparações de massa. Os objetos essenciais para se montar uma balança aceitável são:

- um pedaço de corda (Figura 9.2);
- um pedaço de madeira, como um cabo de vassoura (entre 80 cm e 1 m) (Figura 9.3);

- dois pratos grandes de plástico ou de alumínio (Figura 9.4);
- linha de *nylon* ou correntinha (Figura 9.5).

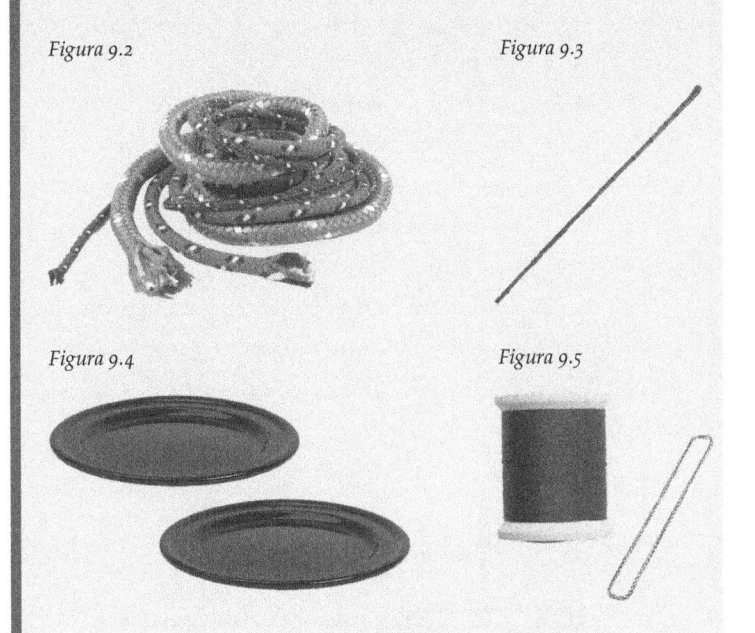

Figura 9.2

Figura 9.3

Figura 9.4

Figura 9.5

Para montar a balança de pratos, basta encontrar o ponto de equilíbrio gravitacional do pedaço de madeira e marcá-lo. Como fazer isso? Encontre um local em que você possa colocar a madeira de forma que ela fique apoiada em apenas um ponto. Mexa a madeira até que ela se equilibre, ficando na horizontal, sem pender para nenhum dos lados. O ponto de apoio, assim que se consegue equilibrar as duas partes, é o ponto de equilíbrio gravitacional. Nesse ponto será amarrado um pedaço de corda, que não deve ser muito grosso. A corda será amarrada em algum ponto de apoio, como um gancho no teto, um caibro ou qualquer outro semelhante.

Nas pontas da madeira será fixada a corrente (ou a linha de *nylon*), que será, posteriormente, amarrada aos pratos. Os pratos devem ser perfurados em suas bordas, em três pontos que serão distribuídos uniformemente. Nesses furos será presa a corrente.

O objeto final será semelhante ao que apresentamos na figura seguinte: uma balança. Não é uma balança de precisão, mas serve para trabalhos de equilíbrio e para determinação de objetos mais pesados, mais leves ou de mesmo peso que outros.

A balança ainda terá outras aplicações em atividades mais adiante, quando será utilizada para obter o conhecimento de medidas padronizadas de massa das coisas, com aproximações de 50 g.

Figura 9.6

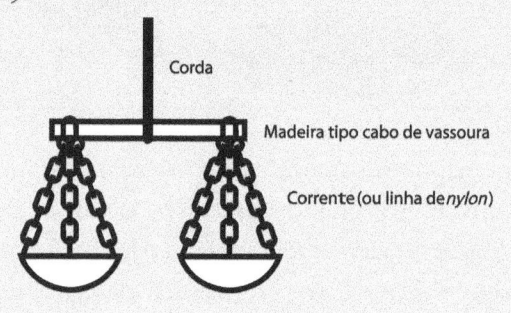

[Ilustração de uma balança com os rótulos: Corda; Madeira tipo cabo de vassoura; Corrente (ou linha de *nylon*)]

Como, normalmente, as escolas que oferecem a educação infantil possuem várias turmas, os professores podem se juntar para construir a balança, a qual será utilizada por todos. É um objeto de baixo custo que auxiliará ricamente na formação da noção de massa pelas crianças por suas possibilidades de experimentação.

Ainda há a possibilidade, se você preferir, de inserir uma base na balança. Essa base pode ser de madeira, com um suporte também de madeira, que se ligaria ao ponto de equilíbrio gravitacional da haste que sustenta os pratos. Essa base eliminaria a necessidade de se pendurar o instrumento. Dessa forma, ele ficaria assim:

Figura 9.7

Já em sala de aula, com a balança instalada, você poderá levar vários objetos para que os alunos os classifiquem quanto à massa. Apenas para citar alguns exemplos, esses objetos podem ser frutas, legumes, pedras de vários tamanhos, objetos metálicos, pedaços de madeira, entre outros.

Sempre que as crianças perceberem que um dos lados da balança fica para baixo, enquanto o outro fica para cima, é importante que se pergunte a eles por que isso ocorreu. Pode ser que os mais novos achem que é porque aquele lado da balança fica sempre para baixo mesmo, independentemente dos objetos que forem colocados do lado oposto. Esse é o momento para uma boa intervenção do professor, o qual pode propor que os objetos sejam trocados de lado para ver o que acontece. É bem provável que isso os faça perceber que o fato de um dos pratos ficar em um nível mais baixo está relacionado à massa dos objetos que são comparados.

Não há um limite de trabalhos a serem realizados com a utilização dessa balança. Muitas outras atividades podem ser desenvolvidas apenas com a exploração da curiosidade das crianças, que normalmente gostam de brincar com equipamentos, descobrindo, com essas brincadeiras, novas possibilidades.

Atividade orientada 3

O que sugerimos aqui é uma continuação do que foi proposto anteriormente. Agora passaremos a explorar, com um pouco mais de exatidão, a ideia de medir a massa dos objetos. Essa atividade tem o objetivo de fazer as crianças perceberem que podem criar uma relação de equilíbrio de um objeto com um conjunto de outros, sendo que, no final, as massas de ambos se equiparam.

Isso é o que chamamos de "medir a massa de um objeto utilizando outros objetos conhecidos". A ideia é a mesma aplicada nas balanças de prato, porém, em vez de usarmos pesos padronizados (como aqueles que vêm com as balanças), utilizaremos outros objetos, como pregos e moedas.[a]

Para começar, mediremos a massa de objetos pequenos, como um celular, uma maçã, uma batatinha, uma pedra pequena, entre muitos outros possíveis. Serão necessárias várias moedas de variados valores e pregos de diversos tamanhos.

Na primeira parte da atividade, você pode colocar uma pedra em um dos pratos e um celular no outro, por exemplo. Imaginemos que a pedra seja mais pesada,

---

a. A ideia de utilizar esses objetos em medições de massa foi previamente explorada em: DIENES, Z.; GOLDING, E. W. *Exploração do espaço*. São Paulo: Herder, 1969.

logo, o prato que contém a pedra ficará em um nível mais baixo que o que contém o celular. Pergunte então aos alunos o que é preciso fazer para que os dois pratos fiquem em um mesmo nível. Espera-se que as crianças proponham, percebendo a impossibilidade de retirar pedaços da pedra, que se adicionem outros objetos ao prato que está acima, ou seja, aquele que contém o celular. Assim, pregos e/ou moedas serão adicionados ao prato para auxiliar no alcance do equilíbrio da balança.

No momento em que a balança alcançar o equilíbrio, peça que as crianças o representem por meio de desenho. Na sequência, aparece uma forma de representação válida.

Figura 9.8

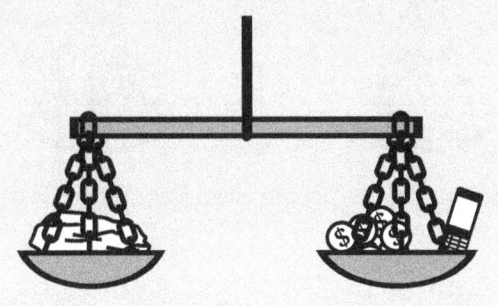

Em seguida, você pode pedir que as crianças verbalizem quais são os objetos que equivalem à massa da pedra. Aqueles que ainda não souberem contar podem permanecer apenas nos desenhos.

A atividade anterior tem como objetivo discutir a diferença de massa entre a pedra e o celular. No final, é interessante que as crianças consigam perceber que falta ao celular massa equivalente a 32 moedas, por exemplo, para que tenha a mesma massa da pedra.

Na segunda parte da atividade, as crianças vão encontrar a equivalência de massa de cada objeto contado em moedas e/ou pregos. Dessa forma, colocarão em um dos pratos um objeto a ser pesado – uma maçã, por exemplo – e buscarão alcançar o equilíbrio utilizando unidades de moedas e/ou pregos, que poderão ser de variados tamanhos. Ao final, peça novamente que os alunos registrem com desenhos, como a figura a seguir:

Figura 9.9

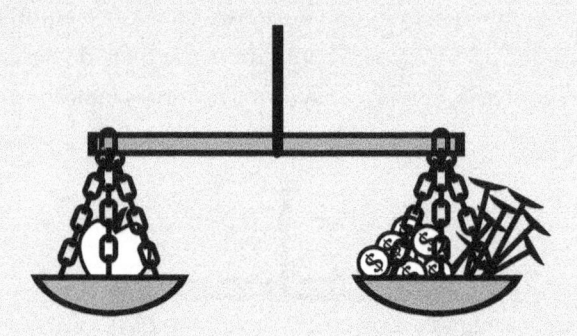

Peça, ainda, que classifiquem a equivalência de massa da maçã:

Figura 9.10

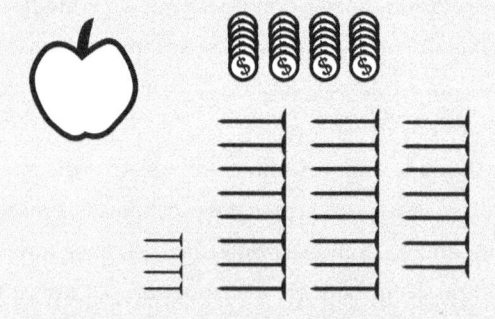

As crianças irão concluir, finalmente, que uma maçã possui massa equivalente a 24 moedas, 23 pregos grandes e 4 pregos pequenos, por exemplo.

Logo, as crianças vão descobrir que ficaria muito difícil medir a massa dessa forma; afinal, é preciso ficar discriminando que tipo de moeda foi utilizado, já que existem moedas de tamanhos variados, e ainda há o problema com os pregos, que nem sempre têm a mesma massa que outros, pois também possuem diversos tamanhos. Assim que isso ocorrer, abra um espaço para que as crianças conheçam os padrões utilizados nas medidas de massa, que serão explorados na próxima atividade.

Atividade orientada 4

Finalmente, chega a hora de apresentar as unidades-padrão. Essa necessidade surge motivada pelas próprias indagações das crianças, que começam a perguntar e a comentar como as coisas são vendidas por peso. Seriam pesadas em moedas ou pregos?

Assim, apresente essas unidades-padrão às crianças, mesmo que precise fazer uma visita com elas ao mercado ou à feira, ou então leve, se possível, alguns pesos de latão polido para a sala de aula. Esses objetos serão utilizados para, por meio da medição da força peso, comparar massas, a fim de padronizá-las.

Figura 9.11

Caso você não tenha acesso aos pesos de latão, poderá fabricar alguns na presença das crianças, levando alguns saquinhos e areia, para a visita à feira. Chegando lá, você deve explicar ao feirante, se for o caso, o trabalho que vem sendo feito com as crianças e, na sequência, peça que ele pese várias porções de areia em saquinhos separados, que terão suas bocas amarradas e serão etiquetados com a indicação de suas massas.

Figura 9.12

Pode haver quantas unidades de cada saquinho se julgar necessário. Se você quiser fazer saquinhos de 10 g, não há problema algum. Certamente as massas encontradas ao pesar os objetos serão com menores aproximações.

Depois de elaborados os pesos, é possível encontrar a massa de muitos objetos, inclusive de produtos de mercado, que já vêm com a quantidade de massa registrada. Isso servirá para corroborar a medida bem próxima à exatidão que se pode conseguir, utilizando-se apenas materiais simples como os que vimos aqui.

Ainda será muito interessante levar as crianças para conhecerem outros tipos de balança, como a eletrônica ou a de um prato só, e explicar a elas o seu funcionamento. Assim, ficará evidente para as crianças que o principal instrumento utilizado para medir as massas dos corpos é a balança e que ela pode ser encontrada em diversos modelos.

(9.2)
Medindo a grandeza *valor*

O RCNEI (Brasil, 1998) descreve que "o dinheiro também é uma grandeza com que as crianças têm contato e sobre a qual podem desenvolver algumas ideias e relações que articulam conhecimentos relativos a números e medidas". Ainda no citado referencial, comenta-se sobre a importância do dinheiro, o qual representa o valor dos objetos ou de um trabalho desenvolvido por alguém. As unidades-padrão, no caso do valor, são as cédulas e as moedas, e estas constituem um excelente material, com inúmeras finalidades didáticas, como "fazer trocas, comparar valores, fazer operações, resolver problemas e visualizar características da representação dos números naturais e dos números decimais" (Brasil, 1998). Ainda podemos encontrar defesas pela discussão dessa grandeza, por se acreditar que a simples utilização do dinheiro em situações do cotidiano "constitui-se uma oportunidade que por si só incentiva a contagem, o cálculo mental e o cálculo estimativo" (Brasil, 1998).

Lidar com a noção de valor é algo que vai acontecer mais cedo ou mais tarde com as crianças, porém a escola pode e deve auxiliar nessa passagem das experiências vividas ao pensamento. Nesse contexto, configura-se a necessidade do desenvolvimento de atividades que venham a contribuir para que as crianças compreendam tudo o que está envolvido nos diferentes valores dos diferentes objetos.

Essa noção de diferentes valores para diferentes objetos surgiu de alguns entraves encontrados pelo homem no seu processo evolutivo. Os primeiros grupos de seres humanos viviam da coleta de frutos, da caça e da pesca. Para os povos dessa época, era viável a prática da troca direta, também conhecida como *escambo*, na qual se oferecia um peixe, por exemplo, por um animal caçado. Como a diversidade de produtos não era grande, essa prática dava conta de suprir as necessidades do homem.

A partir do momento em que o homem começou a manufaturar objetos, os problemas começaram a surgir. Imagine uma situação na qual um pescador estivesse precisando de um objeto cortante. Ele teria de convencer o fabricante de objetos cortantes a trocar esse objeto por peixes; porém, se o fabricante não gostasse de peixes, como essa situação poderia ser resolvida? Imagine, ainda, os problemas encontrados por um fabricante de cabanas que quisesse um pote de mel. Como poderia ser feita uma troca como essa?

Aos poucos, esse problema foi sendo superado com a introdução, após várias tentativas de trabalhar com moedas-mercadorias, de moedas cunhadas em prata e em ouro. Dessa forma, um dado objeto passou a ter um valor que podia ser medido com uma quantidade de moedas. Mesmo no caso do escambo, nessa época as pessoas já calculavam, antecipadamente, o valor em moedas de cada objeto e, assim, sabiam se a troca era satisfatória ou não.

Mesmo havendo, nos dias de hoje, unidades-padrão (no nosso caso, o Real), devido a diversas influências do mercado, entre elas a inflação, tais unidades não se relacionam com os objetos da mesma forma que, por exemplo, a grandeza *comprimento* com a sua unidade-padrão, o metro.

Boa parte dos países do mundo, ou grupos de países, possui sua própria unidade-padrão para valor, a que chamamos de *moeda*. Apenas para citar dois exemplos, nos Estados Unidos da América se utiliza o Dólar, enquanto em muitos países da Europa é utilizado o Euro. Embora as moedas, em vários lugares do mundo, sejam diferentes, há uma relação constante e diária entre elas, sendo possível trocar uma pela outra em casas de câmbio, nas várias localidades do planeta.

Desse modo, percebemos que, para a grandeza *valor*, não há uma unidade-padrão que seja utilizada no mundo todo. Assim, por exemplo, um mesmo brinquedo pode custar US$ 10,00 dólares nos Estados Unidos (cerca de R$ 20,00) e R$ 30,00 no Brasil. Ainda é possível que, dentro de um mesmo país, no caso do Brasil, encontre-se um objeto custando R$ 50,00 em uma loja e R$ 75,00 em outra. Portanto, fica claro que a grandeza *valor* não pode ser padronizada pela unidade principal no nosso país, que é o Real, pois não há como atribuir um valor para um determinado produto, em qualquer cidade, devido a uma infinidade de fatores, entre eles, as taxas de impostos locais e o transporte. É como se um objeto tivesse massa igual a 10 kg em uma cidade e, em outra, sua massa fosse de 12 kg. Estranho, não?

Atividade orientada 5

O início deste trabalho objetiva mostrar às crianças que produtos diferentes possuem preços diferentes.

Para isso, elas podem ser levadas a visitar um mercado, no qual irão pesquisar, mesmo se ainda não tiverem a compreensão de valor (você deve monitorar toda a situação), os preços de alguns produtos pré-selecionados. É bom que se pesquisem preços de brinquedos que tenham uma boa margem de diferença, como uma bola de borracha e um helicóptero de radiocontrole.

Os dados serão explorados na sequência do trabalho. Interrogue as crianças, a fim de levantar o que já sabem sobre o valor dos produtos. Esse levantamento oferecerá subsídios para que você consiga traçar o caminho a ser percorrido com as crianças, no sentido de alcançar a compreensão do que venha a ser esse valor.

Provavelmente, algumas delas irão comentar que alguns produtos são mais caros, pois ouvem os pais comentarem sobre isso. Essa percepção é o princípio da compreensão do valor de uma mercadoria. Esse é um bom momento para observar que alguns brinquedos são mais trabalhados, seu material é melhor, possuem tecnologia mais avançada, entre outras características, e por isso custam mais caro. No caso da bola e do brinquedo movido a controle remoto, é facilmente perceptível que um, certamente, será várias vezes mais caro que o outro.

Após essa primeira parte do trabalho, obtenha algumas caixas de produtos (as caixas estarão vazias) e monte um pequeno comércio na sala de aula. Os produtos serão trocados por dinheiro, que será confeccionado com papel colorido e cujos valores podem ser definidos conforme a seguinte sugestão:

Figura 9.13

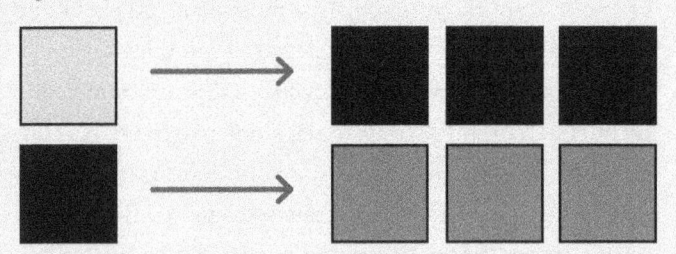

Ainda não utilizaremos valor escrito nas fichas, pois, nessa idade, muitas crianças ainda não conhecem os algarismos e os números. Assim, criamos uma noção de valor agregado a uma cor à escolha do professor. A sustentação dessa proposta está na base três.

Dessa forma, caixas de objetos mais caros deverão ter um preço mais alto e vice-versa. Um produto pode custar duas fichas cinza escuro, duas pretas e uma cinza, por exemplo. Sendo assim, haverá momentos em que, ao comprarem algo, as crianças receberão troco. Tudo será muito confuso nos primeiros momentos, mas, aos poucos, a compreensão delas irá aumentando.

O objetivo principal aqui é fazer com que as crianças compreendam que os variados produtos possuem preços também variados, assim como notas diferentes possuem valores diferentes, sendo que uma nota pode ser trocada por diversas outras, sem que haja perda ou ganho. Um bom exemplo disso seria a troca de uma nota cinza escuro por notas cinzas.

Figura 9.14

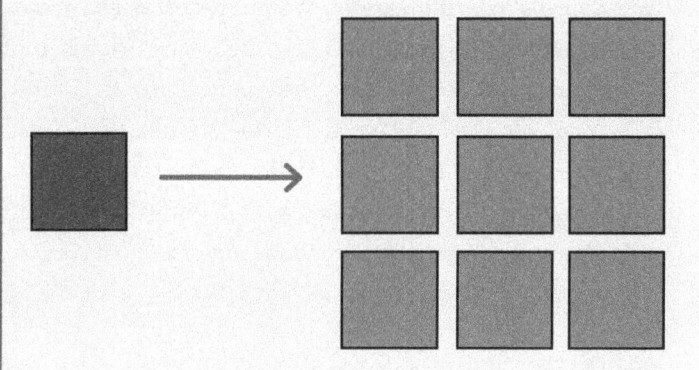

Com essa atividade, discute-se o valor dos objetos e a forma como o dinheiro é utilizado. É bom que se enfatize a possibilidade de trocar algumas fichas por outra, ou outras, sem que se perca ou ganhe nada. Afinal, as crianças têm essa dificuldade no início. Isso fica claro quando damos uma nota de R$ 5,00 para uma e cinco notas de

R$ 1,00 para a outra: aquela que ganha a nota de R$ 5,00 fica chateada porque não compreende ainda que ganhou a mesma quantia, só que em cédulas diferentes.

Ainda é possível desenvolver mais algumas tarefas na continuação dessa atividade, como abrir o comércio entre os alunos para que comprem uns dos outros os mesmos produtos que compraram na lojinha. Agora, deixe que cada um coloque o preço que preferir e permita que quem tiver interesse em comprar um determinado produto procure aquele que vende pelo menor preço. Enfatize que, no dia a dia, os pais fazem isso no mercado, a fim de poder comprar nos locais que oferecerem os produtos pelos melhores preços.

Assim que os pequenos já estiverem conseguindo desenvolver bem essas tarefas, você pode avançar e começar a trabalhar com dinheirinho de brinquedo. Dependendo da idade, as crianças já conhecem os algarismos e também os números e conseguem lidar bem com as trocas. É um bom momento para mostrar a elas que o dinheiro de verdade é semelhante ao de brinquedo e que, para obtê-lo, os pais trabalham várias horas ao dia. Essa discussão é uma preparação para a próxima atividade, que visa ao diálogo com as crianças sobre economia doméstica.

Atividade orientada 6

Trabalhar a grandeza *valor* e não discutir economia com as crianças é desperdiçar uma excelente oportunidade de fazer um trabalho com vistas à formação, desde bem cedo, de um cidadão autônomo.

Não é uma realidade geral, mas, em muitos casos, as crianças ganham algum dinheiro dos pais, tios, padrinhos, avós, entre outros. Pode ser que seja uma mesada, algo não muito comum no Brasil, ou apenas alguns trocados de vez em quando; o importante é que as crianças compreendam que, se economizarem esse dinheiro, poderão comprar algo que queiram em algum momento.

Pode ser que nem todas as crianças, nesse momento, conheçam as cédulas ou as moedas e saibam de fato o que é uma quantia em dinheiro, mas uma coisa todas elas provavelmente entenderão: para obter um brinquedo qualquer, é preciso ter uma quantia em dinheiro para trocar por ele. Assim, você pode fazer uma visita a uma loja de brinquedos, na qual as crianças escolherão alguns brinquedos que gostariam de ter, e todos vão tentar atingir a meta de economizar o suficiente para comprar, com seu próprio dinheiro, o brinquedo escolhido.

Se forem crianças maiores, a atividade pode envolver uma série de cálculos e estimações. Monte uma tabela na sala de aula, com o nome de cada criança, para ir acompanhando quanto cada uma já juntou até o momento. Sempre que a criança ganhar uma nova quantia e guardá-la, o professor vai com ela registrar essa quantia na tabela, verbalizando para a criança quanto ela já tem e quanto ainda falta para adquirir o dinheiro para comprar o brinquedo.

Um passo importante para a realização dessa atividade é comunicá-la aos pais, afinal, eles podem contribuir com a empreitada, auxiliando no aspecto motivacional das crianças.

Uma vez que a criança conseguir adquirir um brinquedo com o dinheiro que ela mesma economizou, certamente terá compreendido como esse aspecto funciona no dia a dia, quando o pai ou a mãe falam em economizar para comprar, por exemplo, um novo fogão ou uma geladeira nova. Essa atividade auxilia na conscientização das crianças quanto à necessidade de poupar os brinquedos e economizar no sentido de ajudar os pais, que nem sempre podem comprar o que os filhos pedem.

Ainda é possível discutir com os pequenos, e até com os próprios pais, a necessidade de dizer *não* às vezes e a importância de não dar tudo o que as crianças pedem. É preciso que elas entendam que, em alguns momentos, os pais estarão economizando para comprar algo que é necessário à família. Uma vez que uma criança entende o que é economizar, provavelmente fará menos pressão nos pais quando estes explicarem que estão economizando para adquirir um produto útil a todos e, por isso, não poderão atender aos pedidos dela.

(.)

Ponto final

Devido à complexidade da diferenciação entre as noções de peso e massa, buscamos, neste capítulo, minimizá-la no sentido de auxiliar o professor na construção desses conceitos. Para tal, além de caracterizar massa e peso de um corpo por meio de algumas discussões teóricas, desenvolvemos atividades orientadas que, acreditamos, possam contribuir nessa caracterização. Vimos que PESO é uma grandeza expressa por módulo, direção e sentido, enquanto MASSA é uma grandeza escalar. Em outras palavras, peso é força, enquanto massa é matéria. Vale ressaltar que, embora sejam conceitos diferentes, no senso comum se confundem, provavelmente por ser perceptível que as duas coisas estão intrinsecamente relacionadas, pois não há forma de se obter a massa de um corpo diretamente, sem antes medir o seu peso, o que caracteriza uma medição indireta.

Em outro momento, ainda neste capítulo, discutimos a grandeza *valor*, que possui algumas unidades-padrão diferentes em vários lugares do mundo. Focalizamos aspectos relacionados à economia doméstica, passando, em alguns momentos, pela discussão da importância de formar, nas crianças, uma consciência econômica necessária para um melhor aproveitamento ou uso da renda familiar.

Atividades

1. Considere as seguintes afirmações:

    I. Um corpo tem o mesmo peso em Marte e em Júpiter.
    II. Um quilograma de arroz e um quilograma de feijão possuem a mesma massa.
    III. Um quilograma de feijão no planeta Terra e um quilograma de feijão na Lua possuem a mesma massa.

    Agora, assinale a alternativa correta:
    a. Somente a I é verdadeira.
    b. Somente a I e a II são verdadeiras.

c. Somente a I é falsa.
d. Somente a I e a III são falsas.
e. Nenhuma das afirmações é verdadeira.

2. Considere as seguintes afirmações:

   I. Massa e peso são matéria.
   II. Massa e peso são forças.
   III. Massa é matéria e peso é força.
   IV. Massa é força e peso é matéria.

   Agora, assinale a alternativa correta:

   a. Todas são verdadeiras.
   b. Todas são falsas.
   c. Somente a I é verdadeira.
   d. Somente a II é verdadeira.
   e. Somente a III é verdadeira.

3. Duas crianças estão tentando brincar em uma gangorra, porém há um pequeno problema: a gangorra fica sempre parada na mesma posição. A criança A está na parte que está no alto e a criança B está na parte que se encontra embaixo. Assinale a alternativa que melhor explica essa situação:

   a. A criança A possui massa maior que a criança B.
   b. A criança A possui maior peso.
   c. Para que a gangorra se movimente, a criança B precisa imprimir uma força com suas pernas contra o chão.
   d. Para que a gangorra entre e permaneça em movimento, a criança A precisa trocar de lugar com a criança B.
   e. Para que a gangorra se movimente, a criança B precisa puxá-la para cima com suas mãos.

4. Observe as balanças seguintes que estão em equilíbrio:

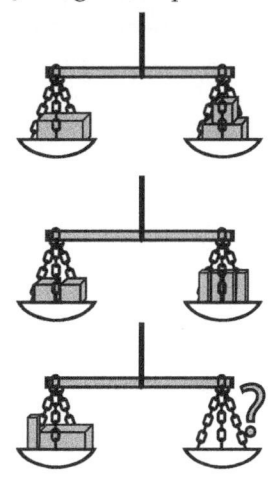

Se dobrássemos a quantidade de objetos em cada prato das balanças anteriores, a interrogação poderia ser substituída por:
a. três peças cinza escuro e uma preta.
b. cinco peças cinza escuro e uma cinza.
c. seis peças cinza escuro.
d. duas peças pretas e uma cinza.
e. sete peças cinza escuro.

5. Um feirante possui uma balança de pratos mais um exemplar de cada um dos seguintes pesos: 1 kg, 500 g, 100 g e 50 g. Como ele poderá pesar 1,350 kg de feijão?
   a. Medindo 1,5 kg e retirando uma porção que julga ter, aproximadamente, 150 g.
   b. Medindo 1,150 kg e acrescentando uma porção que julga ter, aproximadamente, 200 g.
   c. Colocando em um dos pratos os pesos de 1 kg e 500 g e, no outro, os pesos de 100 g e 50 g, completando com feijão.

d. Medindo 1,5 kg e deixando por isso mesmo.
e. É impossível fazer essa medição somente com os pesos disponíveis.

(10)

A construção da noção
de tempo pela criança

Como é sabido, em 1998 foi publicado o RCNEI (Brasil, 1998, p. 225), documento responsável pela orientação do ensino e da aprendizagem nos períodos pré-escolares. Esse documento apresenta os conteúdos matemáticos organizados em blocos, entre os quais nos interessamos, neste momento, por Grandezas e Medidas. Para o estudo dos conteúdos contemplados por esse bloco, são apresentados alguns objetivos, entre os quais podemos destacar:

- introdução às noções de medida de comprimento, peso, volume e tempo pela utilização de unidades convencionais e não convencionais;
- marcação do tempo por meio de calendários. (Brasil, 1998, p. 225)

Os objetivos apresentados destacam a importância de se explorar a noção de tempo na pré-escola. Machado e Carvalho (2002) discutem essa importância e afirmam que o tempo é cultural e suas noções são internalizadas pelas pessoas de acordo com a sua história de desenvolvimento. Para as autoras, as experiências individuais vivenciadas pelas crianças serão responsáveis pela internalização das noções de passado e presente e para reconstruir o tempo vivido, reconhecer o presente e planejar o tempo futuro. Se a pré-escola proporciona momentos dedicados e planejados para discussões com foco em noções de tempo, tantas mais serão as experiências que auxiliarão os alunos na intenalização das noções citadas anteriormente.

O RCNEI (Brasil, 1998, p. 227) apresenta a noção de tempo como

uma grandeza mensurável que requer mais do que a comparação entre dois objetos e exige relações de outra natureza. Ou seja, utiliza-se de pontos de referência e do encadeamento de várias relações, como dia e noite; manhã, tarde e noite; os dias da semana; os meses; o ano etc. Presente, passado e futuro; antes, agora e depois são noções que auxiliam a estruturação do pensamento.

A formulação do conceito de tempo pela criança favorece a compreensão da dinâmica humana. De acordo com Oliveira (1997, p. 48), ao perceber que o tempo vai passando e o passado vai se constituindo, a criança pode compreender que os significados dados pelo homem a algo "são construídos ao longo da história dos grupos humanos, com base nas relações dos homens com o mundo físico e social em que vivem, eles estão em constante transformação".

Assim, muitas são as formas que possibilitam a discussão dessa grandeza, mesmo com crianças ainda pequenas, com idades variando entre zero e seis anos. O vocabulário destas, bem como a compreensão do significado das palavras, pode ser ampliado ao participarem de atividades e situações em que aparecem termos como: *antes, depois, cedo, tarde, hoje, ontem, amanhã, manhã, tarde, noite, dia, semana, mês, ano, hora, novo, velho, antigo, moderno,* entre outros.

Como lidamos com crianças, além de inúmeras brincadeiras que servem de aporte para o desenvolvimento da compreensão dos termos citados, há outras atividades mais formais que são igualmente importantes. O RCNEI (Brasil, 1998, p. 228) contribui também nesse sentido, trazendo algumas ideias para o desenvolvimento de atividades com os pequenos, quando descreve que a utilização de calendários e a observação das suas características e regularidades, como os sete dias da semana, a quantidade de dias em cada mês etc., "permitem marcar o tempo que falta para alguma festa, prever a data de um passeio, localizar as datas de aniversários das crianças, marcar as fases da lua".

Outra situação favorável a esse trabalho é a organização, com a ajuda das crianças, de um quadro de aniversariantes, que contenha a data do aniversário e a idade de cada uma delas. "Pode-se também acompanhar a passagem do tempo, utilizando o calendário. As crianças por volta dos dois anos já podem, com ajuda do professor, contar quantos dias faltam para seu aniversário" (Brasil, 1998, p. 228).

É essencial trabalhar de uma maneira significativa e real para auxiliar as crianças na elaboração de um vocabulário relacionado às expressões temporais, pois é partindo de situações do dia a dia que elas formam o seu conceito de tempo. As rotinas são facilitadoras desse processo, pois a sucessão de acontecimentos diários, assim como os intervalos de tempo que os separam, são as principais bases para a construção da ideia de duração de tempo para a criança.

Inseridos em ambientes de aprendizagem que têm como principal aporte as brincadeiras e a resolução de problemas, apresentaremos algumas atividades dirigidas que trazem elementos importantes em dois sentidos: um deles seria a possibilidade da replicação de algumas dessas atividades com as crianças, e o outro, e mais importante na nossa visão, o favorecimento à compreensão, pelo futuro professor, tanto da forma como as crianças desenvolvem essa aprendizagem quanto do próprio conteúdo discutido aqui: a grandeza tempo.

Um outro objetivo das atividades que seguem é chamar a atenção das crianças para o fato de tudo estar imerso no tempo. As atividades sempre focalizarão essa grandeza e as inúmeras formas de medir a sua passagem, lançando mão de unidades padronizadas ou não.

Atividade orientada 1

Apresente à turma alguns copos com misturas de objetos (podem ser sementes ou botões, por exemplo) de diversos modelos e cores.

Figura 10.1

Figura 10.2

A tarefa consiste em entregar um copo a cada criança e pedir para que elas separem, por exemplo, dez objetos de um mesmo modelo (dez sementes de milho, por exemplo). Assim que cada um for terminando a atividade, vá anotando, em sequência, em um caderno. Em seguida, passe para conferir se todos fizeram corretamente e, então, lance perguntas para a turma:

Quem levou menos tempo?
Quem levou mais tempo?
Quem levou mais tempo que a Beatriz?
Quem levou menos tempo que o Gabriel?

O professor deve desenvolver muitas atividades desse gênero com as crianças de menos idade, pois elas favorecem a percepção da passagem de intervalos de tempo, auxiliando as crianças a diferenciar um intervalo de tempo mais curto de um mais longo.

Fonte: Adaptado de Dienes; Golding, 1977.

Atividade orientada 2

São muitas as formas de contar intervalos de tempo, mesmo sendo a maioria delas não padronizada. Na atividade que propomos na sequência, por exemplo, é enfocada uma unidade de medida um tanto diferente, mas você poderá, sem dúvida, deixar claro às crianças qual das equipes conseguiu terminar a tarefa primeiro.

Separe os alunos em grupos de, por exemplo, quatro crianças. Cada grupo deverá passar por um circuito, fazendo algumas atividades pré-organizadas pelo professor, enquanto uma música-padrão toca.

Oferecemos, a seguir, um exemplo de circuito que pode ser readaptado conforme a preferência do professor.

A música escolhida para tocar no circuito proposto é *Menino*, do cantor e compositor mineiro Beto Guedes. Ela tem a duração de dois minutos e quarenta e três segundos na versão da qual dispomos. Assim que cada equipe partir para cumprir todas as atividades do circuito, essa música começa a tocar, estando o aparelho com a função repetir selecionada, ou seja, enquanto o grupo não terminar todas as atividades do circuito, a música não para de tocar, e contam-se quantas vezes ela tocou inteira até que o grupo conseguisse finalizar o circuito.

Por exemplo: suponhamos que o grupo 1 demorou duas vezes a música inteira e mais um pedaço da terceira. A anotação da música inteira pode ser feita pelas próprias crianças, mas o professor deve acompanhar a contagem, para anotar quantos segundos vai tocar o pedaço. Assim, o professor saberá que, enquanto o grupo 1 fazia as atividades do circuito, a música tocou duas vezes inteira e mais um pedaço de um minuto e doze segundos.

Suponhamos que havia quatro grupos competindo e que concluíram o circuito nos seguintes tempos:
- Grupo 1 – duas músicas inteiras e mais um pedaço de um minuto e doze segundos;
- Grupo 2 – duas músicas inteiras e mais um pedaço de um minuto e três segundos;
- Grupo 3 – três músicas inteiras;
- Grupo 4 – duas músicas inteiras e mais um pedaço de um minuto e dezessete segundos.

Para haver o desempate entres os grupos que concluíram a atividade em duas músicas inteiras e mais um pedaço, convide os grupos a ouvirem juntos a música, a fim de que percebam até onde foi o pedaço que cada grupo gastou além das duas músicas inteiras. Ao tocar a música, indique que o grupo 2 fez a atividade em um minuto e três segundos, que o grupo 1 concluiu em um minuto e doze segundos e, finalmente, a mesma coisa com o tempo do grupo 4. Feito isso, converse com as crianças para que elas decidam qual foi o grupo que acabou as atividades primeiro. É importante que você as incentive a defender os seus pontos de vista em relação ao tempo de cada grupo, para que decidam em conjunto qual foi a equipe que fez todas as atividades em menor tempo.

As tarefas para o circuito podem ser as seguintes:

- Tarefa 1 – Dois alunos da equipe irão vestir, sobre as suas roupas, vestes de adultos e um grande sapato. Eles precisam trocar essas vestes e os sapatos um com outro.
- Tarefa 2 – Cada componente da equipe deve encestar uma bola em um balde, que estará posicionado a uma distância de 4 m. Enquanto cada um não encestar uma bola, a equipe não irá parar de tentar.

- Tarefa 3 – Cada equipe deverá estourar 10 balões, sentando sobre eles.
- Tarefa 4 – Cada equipe deverá separar uma mistura composta de 100 g de milho, 100 g de feijão preto e 100 g de feijão branco.

Se você quiser alterar as atividades ou inserir outras, com blocos lógicos, com quebra-cabeças, entre outras, terá apenas de resguardar as atividades das demais equipes para que não as vejam antes e tenham a tarefa facilitada depois.

Atividade orientada 3

Uma semente de feijão, quando retirada de uma vagem madura, geralmente possui um embrião em estado de dormência em seu interior. Essa semente possui, também, certa reserva de substância alimentícia, que servirá para, em caso de alcançar um local úmido e, possivelmente, germinar, alimentá-la até que ela se fixe ao solo e consiga retirar o alimento necessário dele. Para germinar, além de água, uma semente também depende de temperatura favorável e de um ambiente oxigenado, dentre outros fatores.

Vamos então propor o experimento descrito a seguir:

De posse de algumas sementes de feijão de variados tipos (branco, vermelho, preto etc.), divida-as em dois grupos com representantes de cada espécie. O primeiro será colocado em um pires que contém uma porção de algodão seco; o segundo será colocado em um pires que também contém uma porção de algodão, só que embebido em água.

A intenção é que as crianças observem o que vai acontecendo com as sementes depositadas nos dois pires, à medida que o tempo for passando. Sugere-se uma observação diária das sementes e consequente registro dessas observações em uma tabela, por meio de esquemas/desenhos elucidativos das modificações ocorridas ao longo do tempo.

Os registros podem ser feitos em um "diário do pé de feijão" – um "cartaz diário", no qual as crianças colarão as suas produções sobre as observações do dia.

O experimento pode ser repetido de outras formas:

- Utilizando os mesmos materiais, coloque, água nos dois pires, deixando um deles em um local sombrio e o outro em local que pegue bastante luz (tomar cuidado com o sol que pode secar a água do pires). Deixe os pequenos observarem, conforme o tempo passa, o que acontece com as sementes nos dois pires. Peça que as crianças expliquem o que está acontecendo com as sementes em cada caso.
- Em dois ou mais pires idênticos aos anteriores, coloque sementes de diversos tipos de plantas, para que as crianças comparem o tempo de germinação de umas sementes em relação a outras. Nesse caso, certamente surgirão oportunidades para discutir termos como: *antes, depois, junto, primeiro, último, mais tempo, menos tempo*, que são termos auxiliares no desenvolvimento da noção de tempo.

Atividade orientada 4

Um dos elementos mais significativos na percepção da passagem de tempo são as fotografias. É muito comum, quando nos pegamos olhando uma fotografia, pensarmos o quão rápido o tempo passa e como estamos diferentes agora. Esse fato também é observado pelas pessoas às quais mostramos fotografias nossas. Às vezes, como acontece com a maioria das pessoas, a reação delas é sorrir à medida que observam fotos antigas, por entenderem que elas apresentam uma pessoa muito diferente daquela com a qual convivem no presente, no agora.

Com o avanço tecnológico e a popularização de equipamentos eletrônicos, como máquinas fotográficas as famílias costumam acompanhar o dia a dia das crianças, especialmente em eventos marcantes, por meio de fotografias. Considerando que as fotografias chamam bastante a atenção das pessoas de uma forma geral, pode-se esperar que não será diferente com as crianças. Assim sendo, propomos esta atividade, que tem por objetivo contar a história de vida da criança por meio de imagens fornecidas por suas famílias.

A discussão se fará em torno da passagem do tempo: como eu era antes, como fui modificando com o passar do tempo e como sou agora.

Figura 10.3

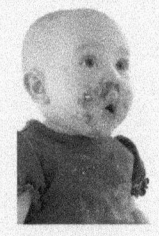

Sugerimos que as fotos sejam organizadas em cadernos, não sendo necessário colá-las. Dessa forma, cria-se um diário ilustrado sobre a vida da criança, o qual mostra como ela foi se desenvolvendo conforme o tempo foi passando. Certamente as crianças, ao explicarem suas fotos, dirão coisas como: "nessa foto eu tinha um aninho", mesmo não sabendo exatamente o que significa esse "um aninho". O certo é que vai ficar mais evidente para elas como mudaram à medida que o tempo foi passando.

Conforme observado anteriormente, as fotos não precisam ser coladas no diário. Elas podem ser presas com recortes de cartolinas ou com cortes nas folhas, como sugerido na imagem a seguir:

Figura 10.4

PEDAÇOS DE CARTOLINA COLADOS
À FOLHA DO CADERNO

CORTES NA FOLHA DO CADERNO PARA
PRENDER A FOTO PELOS CANTOS

Depois de organizados, os álbuns podem ser socializados e todos terão oportunidade de ver como os coleguinhas eram. Com isso, podem fazer comparações de quem continua se parecendo com sua foto, tirada quando a criança era mais nova, ou quem mudou a ponto de somente lembrar a criança da foto.

Atividade orientada 5-

Esta atividade consiste em construir um marcador universal de datas, observando-se o encaminhamento mais adequado para sua utilização.

Os objetivos pedagógicos desse trabalho estão descritos a seguir:

- favorecer a construção da nomenclatura de alguns fenômenos de caráter cíclico, como os dias da semana e os meses do ano;
- favorecer a compreensão de irregularidades de certos fenômenos, como o número de dias de cada mês;
- familiarizar com a divisão em semanas, meses etc.

Figura 10.5

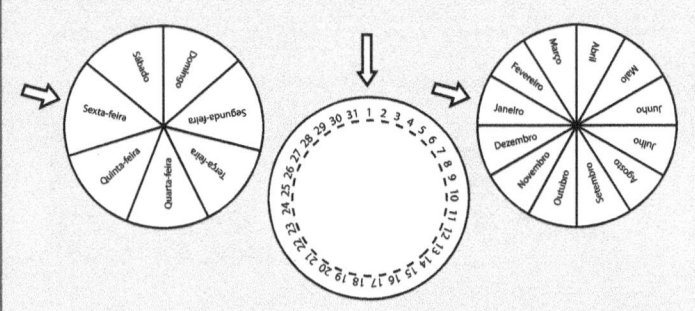

Para construir o marcador universal de datas, serão necessários os materiais listados na sequência:

SUPORTE RÍGIDO: pode ser de madeira, compensado, madeirite, papelão grosso, plástico, entre outros.

Nesse suporte serão fixados os discos que contêm as informações, conforme apresentadas na gravura anterior. Para marcar um item em cada disco (um dia do mês, um dia da semana e o mês), serão utilizados indicadores que

---

a. As atividades orientadas 5, 6 e 7 foram adaptadas de: Cerquetti-Aberkane; Berdonneau (1997).

podem ser setas de papel colorido, coladas no suporte ao lado de cada disco.

Discos: podem ser feitos de papelão, EVA, cartolina, papel cartão ou outros tipos de materiais. Devem ser divididos em setores, de acordo com medidas rigorosas, ou seja, no caso dos dias da semana, que são sete, cada disco deverá ser dividido em sete setores, com tamanhos o mais próximos possível. Esse rigor objetiva mostrar à criança que os dias são todos do mesmo tamanho, ou seja, todos eles têm 24 horas.

Outras informações podem ser acrescentadas às laterais do suporte, como algumas observações meteorológicas (aspecto do céu, vento, chuva, Sol, temperatura, eventual visibilidade e fase da Lua). Essas observações oferecem às crianças oportunidades para conhecerem, aos poucos, esses aspectos importantes no cotidiano. Além dessas informações, pode-se também deixar um espaço para destacar datas em que haja algum acontecimento especial na vida da classe, como passeios, festas ou aniversários dos alunos e do professor.

Todos os dias, ao chegarem à classe, um representante da turma irá atualizar os discos perante a observação de todos.

No caso dos discos para o dia do mês, é bom confeccionar um com 28 dias, um com 29 dias, um com 30 dias e um último com 31 dias, bem como trocar o disco de acordo com o mês, para não acontecer de, no caso do mês de fevereiro, sobrarem dias a serem pulados sem uma explicação lógica.

Atividade orientada 6

Figura 10.6

[Sexta-feira | 31 | Janeiro]

[Sábado | 1 | Fevereiro]

Esse é um marcador universal de datas com placas móveis. Ele serve para auxiliar a criança a escrever datas sem depender do seu desenvolvimento quanto à caligrafia, familiarizá-la com a divisão das semanas e dos meses, favorecer a conscientização acerca das durações relativas da semana e do mês e, ainda, ensiná-la a reconhecer, por meio da leitura, os nomes dos dias da semana, dos meses e sua ordem de sucessão.

Para confeccionar esse marcador de datas, serão necessários os materiais a seguir:

- PAPELÃO: servirá para construir o suporte e as divisórias que visam criar os escaninhos em que se colocarão as fichas com o nome do dia da semana, o dia do mês e o nome do mês. Se desejar, você pode ainda aumentar um escaninho e acrescentar também o ano.
- PLÁSTICO TRANSPARENTE: vai à frente dos escaninhos e serve para não deixar caírem as plaquetas com as informações que se deseja expor.
- FICHAS DE CARTOLINA: essas fichas serão colocadas dentro dos escaninhos e nelas serão escritas as informações relativas aos dias da semana, os meses e os anos. Podem ser confeccionadas a mão ou impressas.

O marcador ainda pode ser feito de uma outra forma. Utilizando um cartaz, que também pode ser confeccionado em cartolina ou papelão, colocam-se suportes para que as informações sejam encaixadas dentro. Vejamos como ficaria:

Figura 10.7

| Terça-feira | 13 | Setembro | 2008 |

Os pedaços de cartolina, aqui em cor preta, servem como suportes para o encaixe das plaquetas com as informações. Se preferir, você pode ainda colocar proteções em plástico transparente (lâmina de retroprojetor funciona bem) para proteger as plaquetas.

Ao chegarem à classe, um dos alunos, que pode ser o ajudante do dia, sob os olhares atentos dos demais, irá atualizar a data.

Atividade orientada 7

Para favorecer a percepção da passagem do tempo, é possível relacionar esta atividade a um amontoado de objetos, sendo os mais indicados os jornais.

Peça aos alunos que tragam jornais do dia anterior ou você mesmo pode providenciar alguns exemplares, ao solicitar que outros professores façam doações, lembrando que será importante que sejam trazidos também os exemplares de sábados e domingos.

Desde o dia primeiro de cada mês, o jornal doado será levado para a classe e um dos alunos o colocará sobre os demais. Assim, todos os dias haverá um jornal que a classe utilizará para fazer uma pilha. Isso acontecerá até o último dia de cada mês. Ao final de cada mês, comente sobre o tamanho da pilha, na qual foi colocado um jornal a cada dia e, no dia seguinte, os alunos devem começar outra pilha de jornais, repetindo o processo.

Embora não estejamos buscando uma medida precisa de um tamanho em função do tempo, esse mecanismo oferece a informação desejada e satisfaz aos objetivos da proposta. As pilhas de jornais podem ser formadas em uma área comunitária da escola para que chamem a atenção de todas as crianças, que logo começarão a perguntar do que se trata.

No caso representado a seguir, a data é 15 de maio.

Figura 10.8

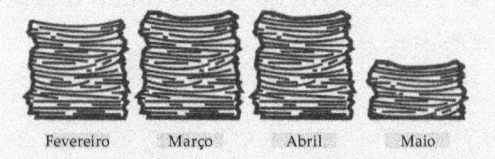

Fevereiro Março Abril Maio

Ao final do ano, haverá, pelo menos, dez pilhas com aproximadamente a mesma altura, cada uma representando um dos meses em que as crianças estiveram na escola durante o ano.

Atividade orientada 8

Acredita-se que os relógios de Sol sejam, provavelmente, as formas mais antigas de se medir a passagem do tempo. Esse relógio utiliza a sombra provocada por esse astro como uma espécie de ponteiro que indica, no chão, uma aproximação das horas.

É interessante que as crianças construam, juntamente com o professor, um desses na escola. Elas passarão algum tempo observando esse relógio para que percebam o seu funcionamento. É provável que não levem tempo para perceber que o ponteiro, que é uma sombra, se movimenta graças ao movimento aparente do Sol (movimento de rotação da Terra).

O relógio de Sol que propomos é uma construção simples, que exige apenas que se finque uma estaca no chão. Obviamente, é necessário fazer o trabalho de calibragem das horas, utilizando um relógio convencional de pulso.

Na sequência, propomos algumas etapas para desenvolver a construção do nosso relógio de Sol:

1. Encontre uma área em que as crianças possam ir durante o período em que permanecerem nas dependências da escola.
2. Finque uma estaca no chão. A estaca deve ter entre 1 m e 1,5 m. Ela deve ficar inclinada para que haja sombra ao meio-dia. Em alguns lugares no Brasil (quanto mais próximo à linha do Equador), a estaca terá de ficar mais inclinada. A inclinação vai ser exatamente sobre o meio-dia, ou seja, o melhor momento para fincar a estaca é próximo a esse horário, quando se puder identificar onde está sombra, para que a estaca seja inclinada sobre ela.

Vejamos como ficaria:

Figura 10.9

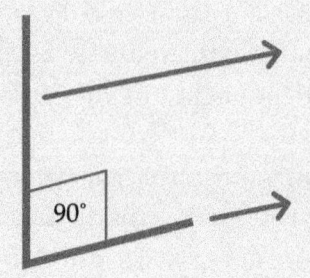

Estaca apenas equilibrada para se descobrir para onde a sombra estará apontando ao meio-dia.

Sombra da estaca exatamente ao meio-dia. A estaca deverá ser inclinada contra a sua sombra, para que ela aumente de tamanho.

Primeiramente observe onde estará a sombra ao meio-dia.

Depois finque a estaca no solo com a inclinação necessária a cada localidade.

Figura 10.10

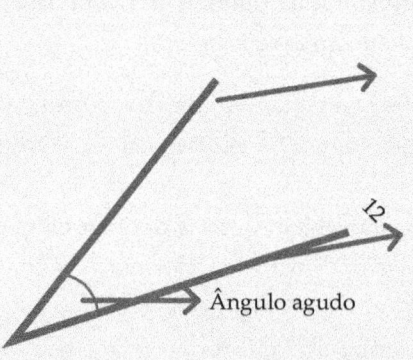

Estaca inclinada em um ângulo menor que 90° para aumentar o comprimento da sombra ao meio-dia.

Sombra da estaca exatamente ao meio-dia. Está maior porque a estaca foi inclinada sobre ela.

Ângulo agudo

3. A calibragem do relógio de Sol poderá ser feita no dia seguinte, já que são 12 horas. À medida que a sombra for se locomovendo, vai se colocando o horário de acordo com o observado no relógio de pulso. Por exemplo, às oito horas da manhã, marca-se com uma pequena estaca onde está a sombra, afixando ali uma pequena placa onde estará inscrito o número oito. Observe como ficará o relógio após as marcações:

Figura 10.11

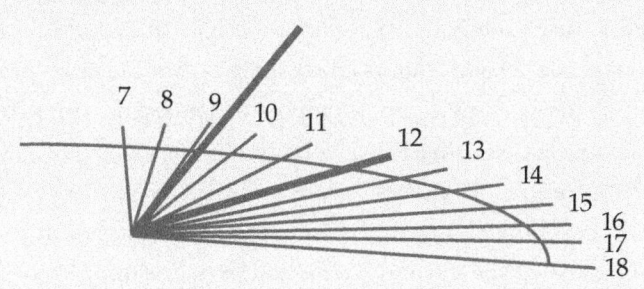

Não é necessário que o relógio fique exatamente como este, mas é importante que a calibragem esteja perfeita, ou seja, que às nove horas da manhã a sombra esteja sobre o número 9, para que as crianças adquiram confiança no relógio de Sol.

Essa atividade auxilia na compreensão, pelas crianças, de que nem sempre o homem dispôs do relógio de pulso ou dos celulares para medir a passagem do tempo. É uma forma de resgatar um momento histórico, no qual o homem relaciona o movimento dos astros e os seus efeitos perceptíveis à passagem do tempo e convenciona formas para medir essa passagem.

(.)
Ponto final

Buscamos, neste capítulo, dar uma visão geral de como a construção da noção de tempo é importante na educação infantil. Por meio de atividades que, em muitos momentos, voltaram-se aos cálculos estimados, mostramos diversas formas de trabalhar com as crianças a grandeza *tempo*. Discutimos a utilização de vários instrumentos usados para medir intervalos de tempo, como os calendários e o relógio de Sol, para que as crianças tenham noção de pequenos intervalos de tempo (tempo suficiente para cumprir uma tarefa em uma brincadeira) e de intervalos maiores (tempo entre idas à escola em dias consecutivos, entre dias da semana, a passagem de uma semana, a passagem de um mês e até de um ano). Acreditamos que as informações apresentadas aqui ofereçam ao professor subsídios para um bom desempenho no ensino desse tema.

Atividades

1. A formação de um minuto, partindo do agrupamento de segundos, e a formação da hora, a partir do agrupamento de minutos, são características que se diferenciam da nossa forma de contar pelo fato de:
    a. serem escritos com algarismos diferentes.
    b. serem escritos com algarismos iguais e números diferentes.
    c. serem escritos com algarismos e números diferentes.

d. estarem fundados em uma base binária.
e. estarem fundados em uma base sexagesimal.

2. Pode-se afirmar que 1,5 minutos é o mesmo que:
   a. 1 minuto e 30 segundos.
   b. 3/5 minutos.
   c. ½ minuto.
   d. 150 segundos.
   e. 1 minuto e 50 segundos.

3. Em uma partida de xadrez, um enxadrista levou exatamente seis inversões de ampulheta para dar um xeque-mate. Lembre-se de que a ampulheta começa cheia e, somente após derramar toda a areia, é girada pela primeira vez. Se a ampulheta mede um intervalo de tempo que dá uma quantidade exata de minutos, a alternativa que corresponde ao tempo gasto para o xeque-mate é:
   a. 230 segundos.
   b. 20 minutos.
   c. 1.260 segundos.
   d. 27 minutos.
   e. 0,5 hora.

4. O pavio de uma vela queima a uma velocidade de 1 mm por minuto. Uma dessas velas, que mede 0,3 m, levará, aproximadamente, quanto tempo para ser totalmente consumida pelo fogo?
   a. 120 minutos.
   b. 5 horas.
   c. 3 horas.
   d. 30 minutos.
   e. 3 minutos.

5. Um maratonista dá três voltas em um circuito de treino em, aproximadamente, 36 minutos. Sabendo que a média por volta nesse treino foi de 12 minutos, se ele gastou 11,25 minutos na primeira volta e, na segunda, exatamente a média, a terceira volta, obrigatoriamente, terá levado:

a. 12 minutos.
b. 12 minutos e 30 segundos.
c. 12 minutos e 35 segundos.
d. 12 minutos e 45 segundos.
e. 11 minutos e 35 segundos.

Referências

APROGED – Associação dos Professores de Desenho e Geometria Descritiva. *Parecer da direção da Aproged sobre a proposta de ajustamento do programa de Educação Visual* – 3º ciclo do ensino básico no contexto da gestão flexível do currículo. Disponível em: <http://www.aproged.pt/pdf/ajustamentoprogramaEV2001.pdf>. Acesso em: 05 out. 2008.

BATTRO, A. M. *O pensamento de Jean Piaget*: psicologia e epistemologia. Rio de Janeiro: Forense-Universitária, 1976.

BORGES, C. C. *A topologia*: considerações teóricas e implicações para o ensino da matemática. Disponível em: <http://www2.uefs.br/depfis/caderno/vol3n2/CBorges.pdf>. Acesso em: 1º jul. 2008.

BRASIL. Ministério da Educação. Secretaria de Educação Fundamental. *Parâmetros Curriculares Nacionais*: Matemática. **Brasília, 1997.** Disponível em: <http://portal.mec.gov.br/seb/arquivos/pdf/livro03.pdf>. Acesso em: 1º jul. 2008.

_____. *Referencial Curricular Nacional para a Educação Infantil – RCNI*. Brasília, 1998. Disponível em: <http://portal.mec.gov.br/seb/arquivos/pdf/volume2.pdf>. Acesso em: 14 set. 2008.

CATUNDA, O. et al. *As transformações geométricas e o ensino da geometria*. Salvador: Ed. da UFBA, 1990.

CERQUETTI-ABERKANE, F.; BERDONNEAU, C. *O ensino da matemática na educação infantil*. Porto Alegre: Artes Médicas, 1997.

COSTA, C. Visualização: veículo para a educação em geometria. In: ENCONTRO DE INVESTIGAÇÃO EM EDUCAÇÃO MATEMÁTICA ENSINO E APRENDIZAGEM DE GEOMETRIA, 9., 2000, Fundão. Disponível em: <http://www.spce.org.pt/sem/CC.pdf >. Acesso em: 31 jul. 2008.

DANA, M. E. Geometria: um enriquecimento para a escola elementar. In: LINDQUIST, M. M.; SHULTE, A. P. (Org.). *Aprendendo e ensinando geometria*. São Paulo: Atual, 1994. p. 141-155.

DEL GRANDE, J. J. Percepção espacial e geometria primária. In: LINDQUIST, M. M.; SHULTE, A. P. (Org.). *Aprendendo e ensinando geometria*. São Paulo: Atual, 1994. p. 141-155.

DIENES, Z. P.; GOLDING, E. W. *A geometria pelas transformações*. São Paulo: EPU; Brasília: INL, 1975.

_____. *Exploração do espaço e prática da medição*. 3. ed. São Paulo: EPU, 1977.

FREUDENTHAL, H. *Mathematics as an Educational Task*. Holland: D. Reidel Publishing Company, 1973.

GOULART, I. B. *Piaget*: experiências básicas para utilização pelo professor. 12. ed. Petrópolis: Vozes, 1997.

GT: 1º ciclo. A matemática é de todos. In: ENCONTRO NACIONAL DOS PROFESSORES DE MATEMÁTICA – Profmat., 17., 2001, Lisboa. *Agenda do professor 2005/2006*. Lisboa: Associação de Professores de Matemática – APM, 2005.

KALEFF, A. M. *Vendo e entendendo poliedros*. Rio de Janeiro: EdUFF, 2004.

KILPATRICK, J. *O professor de Matemática e a mudança curricular*. ELVAS, 2008. Palestra proferida no dia 04 de setembro durante o 24º Encontro Nacional de Professores de Matemática – Profmat.

LINDQUIST, M. M.; SHULTE, A. P. (Org.). *Aprendendo e ensinando geometria*. São Paulo: Atual, 1994.

LUFT, E. *A fenomenologia como metaepistemologia*. Revista Eletrônica Estudos Hegelianos, v. 3, n. 4, p. 1-12, jun. 2006. Disponível em: <http://www.hegelbrasil.org/rev04a.htm>. Acesso em: 05 out. 2008.

MACHADO, J. B.; CARVALHO, M. J. Educação, gênero e temporalidades: reflexões sobre os usos do tempo de crianças de classe popular da periferia de Porto Alegre. In: ROCHA, M. A.; CRUZ, T. R. (Org.). *Aprendizado, criação e integração na iniciação científica*. Porto Alegre: Ed. da UFRGS, 2002. p. 131-149.

MONTEIRO, P. Estimando e tirando medidas. Revista Escola, São Paulo, n. 213, jun./jul. 2008. Disponível em: <http://revistaescola.abril.com.br/online/planosdeaula/ensino-fundamental1/PlanoAula_277998.shtml>. Acesso em: 10 set. 2008.

OLIVEIRA, M. K. *Vygotsky*: aprendizado e desenvolvimento – um processo sócio-histórico. São Paulo: Scipione, 1997.

PARRAT-DAYAN, S. *Como enfrentar a indisciplina na escola*. São Paulo: Contexto, 2008.

PIAGET, J *A construção do real na criança*. Rio de Janeiro: J. Zahar, 1970.

PIAGET, J. et al. *La enseñanza de las matemáticas modernas*. Madrid: Alianza Editorial, 1986.

PIAGET, J.; INHELDER, B. *A representação do espaço na criança*. Porto Alegre: Artes Médicas, 1993.

_____. *A psicologia da criança*. Rio de Janeiro: Difel, 2003.

REGO, R. G. do.; GAUDÊNCIO JÚNIOR, S.; RÊGO, R. M. *A geometria do origami*: atividades de ensino através de dobraduras. João Pessoa: Ed. da UFPB, 2004.

RIBEIRO, R. Brinquedo: um material e tanto para aprender geometria. *Nova Escola*, São Paulo, v. 20, n. 180, p. 34-35, mar. 2005.

TAHAN, M. *O homem que calculava*. 48. ed. Rio de Janeiro: Record, 1999.

Créditos das ilustrações

Abel Chang e Renan Itsuo Moriya
Página 24 – Figura 1.4
Página 79 – Figuras 3.52 e 3.53
Página 124 – Figura 5.2
Página 127 – Figura do exercício 1
Página 174 – Figura 7.7
Página 175 – Figuras 7.8 e 7.9
Página 211 – Figura 9.1
Página 214 – Figura 9.6
Página 215 – Figura 9.7
Página 217 – Figura 9.8
Página 218 – Figuras 9.9 e 9.10
Página 220 – Figura 9.12
Página 231 – Figuras do exercício 4
Página 246 – Figura 10.5
Página 248 – Figura 10.6
Página 249 – Figura 10.7
Página 250 – Figura 10.8

Frederico Santos Burlamaqui
Página 21 – Figura 1.1
Página 23 – Figura 1.3
Página 93 – Figuras 4.4, 4.5 e 4.6
Página 201 – Figura 8.14

BANCO DE IMAGENS

©SuperStock
Página 117 – Figura: 5.1
Página 149 – Figura: 6.11
Página 213 – Figuras: 9.2, 9.3, 9.4, 9.5
Página 239 – Figuras: 10.1, 10.2

Página 244 – Figura: 10.3
Página 245 – Figura: 10.4

© *Jupiter Hemera HE*
www.ingrampublishing.com

Página 142 – Figuras: 6.2, 6.3, 6.4, 6.5
Página 150 – Figuras: 6.12
Página 219 – Figura: 9.11

© *PIXOI*
www.ingrampublishing.com

Página 53 – Figuras: 2.11, 2.12, 2.13, 2.14, 2.15, 2.16

© *Design Pics*
www.ingrampublishing.com

Página 56 – Figura: 2.21

© *PICTOREAL*
www.ingrampublishing.com

Página 76 – Figuras: 3.29, 3.30, 3.31, 3.32, 3.33

Anexos

Anexo 1 – Grades para utilização em atividades com alunos

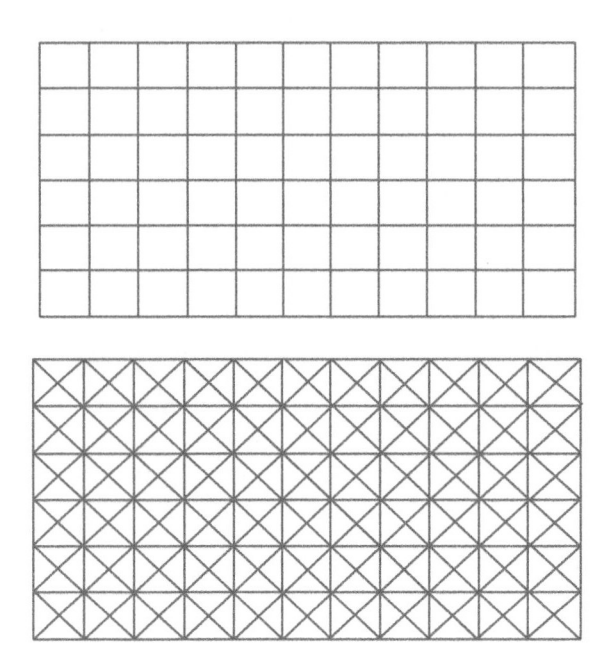

Anexo 2 – Planificação da pirâmide triangular

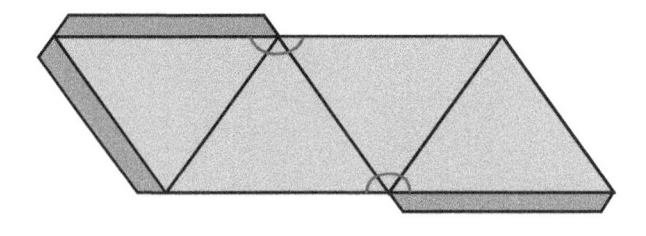

Anexo 3 – Tabuleiro para o jogo do Ur

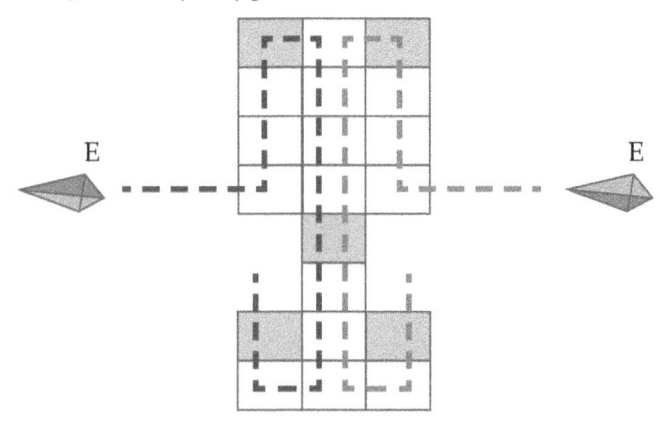

Anexo 4 – Planificação do octaedro triangular

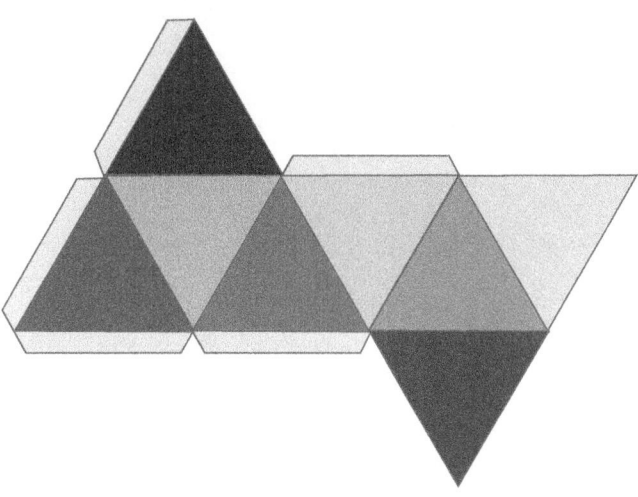

Anexo 5 – Planificação do tetraedro regular

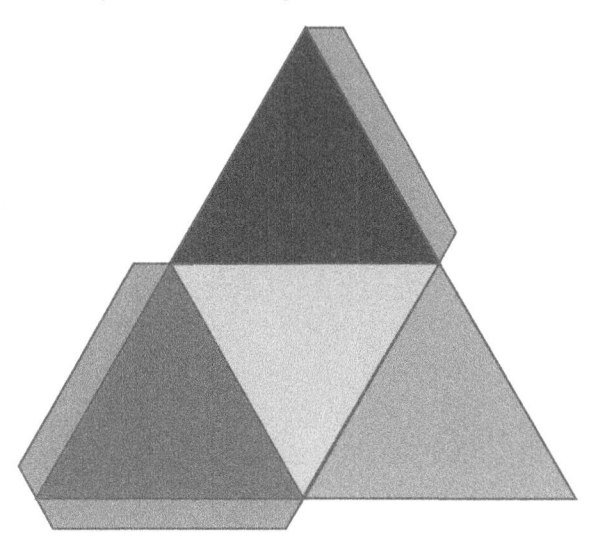

Anexo 6 – Planificação do cone

Anexo 7 – Planificação do cilindro

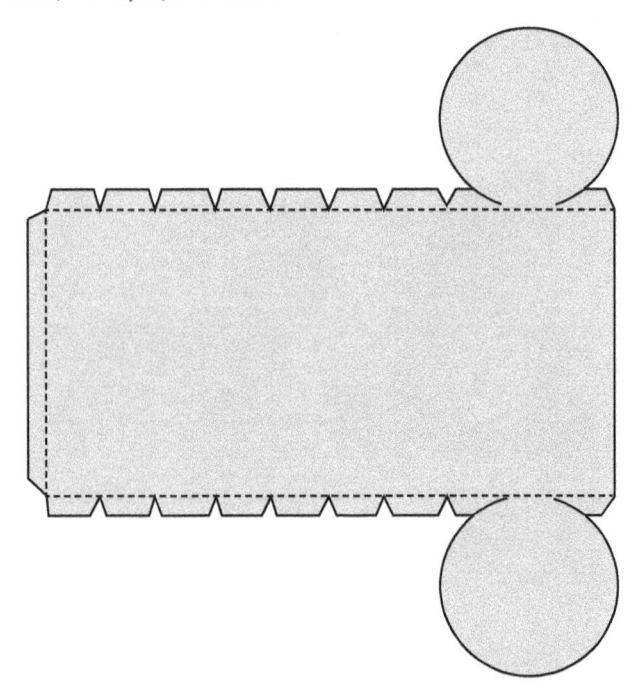

Gabarito

Capítulo 1
1. c
2. a
3. b
4. b
5. a
6. c
7. c
8. d

Capítulo 2
1. a
2. b
3. a
4. a
5. e

Capítulo 3
1. a
2. b
3. c
4. a
5. d

Capítulo 4
1. c
2. e
3. b
4. d
5. a
6. d
7. a
8. b

Capítulo 5
1. c
2. b
3. c
4. c
5. e
6. d
7. d
8. e
9. b
10. a

Capítulo 6
1. a
2. b
3. c
4. d
5. b
6. a
7. d

Capítulo 7
1. a
2. c
3. c
4. d
5. b
6. a
7. a

Capítulo 8
1. b
2. a
3. b
4. b
5. c
6. d
7. a

Capítulo 9
1. c
2. e
3. c
4. e
5. c

Capítulo 10
1. e
2. a
3. c
4. b
5. d

Os papéis utilizados neste livro, certificados por instituições ambientais competentes, são recicláveis, provenientes de fontes renováveis e, portanto, um meio responsável e natural de informação e conhecimento.

FSC
www.fsc.org
MISTO
Papel | Apoiando o manejo florestal responsável
FSC® C103535

Impressão: Reproset